AF582949

LES BÊTES NOIRES

Hermann SEHI Bi

LES BÊTES NOIRES

(Nouvelles)

ISBN : 978-2-38499-060-3

LE SOUFFLE DU VENT NORDIQUE

Refusant de se défaire de l'étreinte chaleureuse de sa couverture double épaisseur, le jeune fonctionnaire, agent de développement s'était réveillé depuis une quinzaine de minutes. La gorge et les muqueuses nasales particulièrement sèches étaient, ce jour-là, inhabituelles pour ce jeune homme.

Daddy Lath était un jeune ressortissant de N'gaty. Un village au charme de carte postale perché sur les hauteurs d'une colline en plein milieu de la lagune. C'était une image digne d'une aquarelle de Vincent Van Gogh avec ses ruelles escarpées et caillouteuses convergeant presque toutes vers la grande paroisse méthodiste à l'architecture du vieux continent. L'église trônait avec fière allure au centre du village, point culminant de la plaisante petite cité, vestige de la pénétration de l'évangile.

N'gaty était bercé par la douceur du vent frais des eaux en toutes saisons. C'était une presqu'île paradisiaque qui faisait oublier le stress permanent de la vie citadine avec son cortège d'embouteillages monstres, d'interminables klaxons de chauffards et l'éternel « chacun pour soi, Dieu pour tous ». Ce village pouvait dérober le cœur de tout visiteur, l'envoûter et l'inviter à vivre une idylle.

Daddy Lath était fier de ses terres ancestrales même s'il vit le jour à la bruyante capitale économique dans le sud soumis aux mêmes conditions climatiques. Il y fit toute sa vie, de ses premiers pas jusqu'à l'obtention de ses diplômes universitaires et celui d'instituteur ordinaire. Il fut affecté dans le cadre de ses fonctions à l'extrême nord du pays, loin, très loin de la capitale, Lagnéné. C'était pour la première fois, de toute sa vie, qu'il sortait de sa ville natale.

Après deux interminables et harassants jours de voyage, il posa ses valises, exténué, à Wora, un petit village oublié par les décideurs. Le jeune fonctionnaire en perdit son âme. C'était le comble pour lui de se retrouver au fin fond de la savane, dans un petit hameau sans aucune commodité. Il avait du mal à croire que ce genre d'endroit existait encore dans son pays où tous les signaux de développement et d'émergence étaient au vert. Il tombait des nues, lui qui fut élevé au biberon de la société de consommation, loin de la réalité rurale. Il bénéficia de la légendaire hospitalité des habitants du village. Il fut logé dans l'une des plus belles demeures. Une habitation en banco dont le mur intérieur et le sol étaient badigeonnés de la bouse de vache comme crépissage. La porte d'entrée était confectionnée à l'aide de fines lames de bambou sans aucune attache solide dans le mur. Il ne pouvait pas espérer mieux. La population lui avait offert ce qu'elle avait de plus cher à donner afin d'honorer l'une des rares autorités du village, peut-être même la seule.

Il était le seul maître de l'école primaire publique du village. Deux classes construites avec les moyens du bord composaient les bâtiments de fortune de l'école primaire publique de Wora. Boue, paille, bambou et bois issus de robustes arbustes de la savane pour servir de piliers furent les matériaux essentiels pour donner naissance à ce temple du savoir. Cette architecture dénotait la volonté des populations d'offrir à leurs filles et fils l'éducation scolaire. Un volontaire, fils du village, offrait ses services à tous ces enfants en quête de savoir et de changement de condition sociale jusqu'à l'arrivée de Daddy Lath.

Il était au bord de la déprime. Mais il n'avait pas le choix au risque de perdre son emploi. Il s'arma d'espoir et de courage pour donner le meilleur de lui-même.

Son régime alimentaire avait totalement changé. Il ne pouvait plus savourer les délicieux plats d'attiéké à l'huile rouge accompagnés de soupe de requin torréfié, ni de foufou confectionné par les expertes mains de sa tendre mère. Il ne bénéficiait plus de la multitude de choix de menus. Dorénavant il ne se contenterait que de repas à base de maïs, de mil en général et de riz à d'exceptionnelles occasions. Le friand des boîtes de nuit et maquis se vit amputé de sa source de réjouissance et de décompression.

Le double défi qu'il devait relever l'amena à prendre courage. Le premier défi était un combat existentiel : accepter la situation qui n'était pas une sinécure et s'intégrer dans cette nouvelle société. Le second était de se mettre au travail pour transformer ces jeunes villageois rompus à la tradition et ne comprenant aucun mot français pour la plupart malgré les efforts colossaux de son volontaire prédécesseur.

Il tenait une classe de cours primaire de dix-huit élèves dont trois filles. L'égalité entre l'homme et la femme était loin d'être l'apanage culturel de cette communauté. L'éducation occidentale de la jeune fille y était toujours mal perçue. La femme était réduite donc à la plus simple condition de femme au foyer et la jeune fille formatée pour se fondre dans ce robuste moule.

Il commença à apprendre les premiers mots du dialecte local pour faciliter la communication avec les élèves de cette communauté et surtout pour ne pas dépendre des services de son bénévole qu'il sollicitait pour la traduction de certaines consignes.

Karnon était l'élève le plus vicieux, le plus turbulent de la classe et évidemment le moins performant. Il était l'élève de tous les négatifs superlatifs. C'était un petit garçon âgé de huit ans à l'hygiène exécrable, il passait toute la journée à s'exprimer en langue locale même en classe. Selon ses camarades de classe, son niveau de connaissance dans sa langue maternelle égalait celui des personnes âgées du village. Il s'exprimait aisément et utilisait beaucoup d'images dans ses propos tel un vieux sage. C'était le petit-fils du chef de terre, nourri à la jarre de la sagesse ancestrale. Le gamin s'imposait aussi par sa force physique. Il était un grand bagarreur et pour sa génération, il n'avait d'égal que lui-même.

La chicotte du jeune maître rebondissait sur sa cuirasse de peau dure maintes fois lavée par des décoctions de feuilles et de racines macérées pendant des mois dans un canari en argile. Le fruit de cette alchimie et ses effets étaient un secret jalousement gardé par l'aïeul. Jamais son revêtement cutané n'avait connu le plaisir et l'agréable douceur d'un savon, la délicate senteur d'un bain classique et non mystique.

Il traînait toujours à sa suite une odeur nauséabonde qui le caractérisait. Ce dur à cuire devait passer par le laboratoire de ce jeune enseignant compétent, mais sans grande expérience de ce genre d'élèves. Karnon était son modèle de défi et Daddy Lath devait réussir à le modeler en lui apprenant de nouvelles choses et surtout le français.

L'agent de développement s'était peu à peu accommodé de sa nouvelle vie pensant avoir déjà tout vu et tout expérimenté de pire en ces lieux. C'était sans compter sur le souffle dévastateur du vent nordique qui n'offrait aucun cadeau à qui que ce soit ni à quoi que ce soit.

Trois mois s'étaient écoulés depuis le début des cours et l'harmattan s'annonçait petit à petit. Pendant la journée, le vent était sec, chargé de poussières et accompagné d'un soleil brûlant qui agressait progressivement toute la flore. Les nuits étaient un peu plus fraîches et cela atténuait la chaleur torride de la journée.

Au fil des semaines, les points d'eau commencèrent à s'assécher au grand dam de la population, les végétaux sombrèrent inéluctablement. Le vent de plus en plus violent était très chargé de chaleur attisant et accélérant tous les feux de brousse. Bientôt les nuits et les matinées furent le théâtre de phénomène climatique qui agressait les terminaisons nerveuses situées dans la peau ; c'était le froid extrême.

Le jeune fonctionnaire n'avait jamais vécu cette expérience auparavant. Même ceux qui la vivaient chaque année ne s'y étaient jamais habitués bien qu'ils s'en fussent accommodés.

Ce jour-là, il s'arma de courage pour sortir de sa couchette. Il faisait un froid de canard. Il avait l'air déshydraté. Il avala goulûment un gros gobelet d'eau puis se dirigea vers un coin de sa maison. Il se pencha en avant sur le seau d'eau qui s'y trouvait et y mit l'index droit. Aussitôt, il le retira à la vitesse de l'éclair tellement l'eau était froide. Il ressentit dans le doigt une désagréable sensation de picotements comme si on lui enfonçait des dizaines de petites aiguilles dans les phalanges. Il ouvrit la porte pour apprécier la situation à l'extérieur puisque la douche s'y trouvait. Une douche sommaire faite de bois et de paille servait juste à préserver son intimité et sa dignité d'homme. Dès qu'il mit un pied dehors, il comprit tout de suite que sa maison offrait un peu plus de sécurité et de chaleur. Il referma aussitôt la porte en bambou et retourna grelotter sous sa couverture double épaisseur qui ne faisait pas le poids devant le froid. Il était impossible pour lui de prendre un bain ce matin-là malgré sa bonne volonté. Après une heure d'hésitation, il se remit sur pied, mouilla une serviette pour se nettoyer le visage puis se brossa les dents et le tour était joué. Il se vêtit très chaudement et se rendit au travail.

Dix jours passèrent et la situation empirait. Manger, considéré comme un geste élémentaire d'une simplicité extrême, était devenu un véritable calvaire et un parcours de combattant pour le jeune homme. Ses lèvres étaient fissurées de toutes parts. De ce fait, il avait du mal à ouvrir la bouche sans aggraver les lésions préexistantes. L'homme souffrait des affres de ce vent extrêmement froid, sec et chargé de particules poussiéreuses. Il commença aussi à souffrir d'une bronchite due à une irritation des voies respiratoires à la suite d'une inhalation permanente de poussière. Ses talons, à l'image de ses lèvres, étaient fendus, laissant entrevoir de grands sillons très douloureux.

Il lui fallait un répit tant il souffrait le martyre dans cette zone qui pour lui était pire qu'une prison sibérienne. Il formula une demande d'autorisation d'absence pour raisons de maladie à ses supérieurs qui lui accordèrent une semaine de repos. Le lendemain, il sauta dans le premier véhicule pour fuir cet horrible climat, aller se faire une nouvelle santé et oublier un tant soit peu son calvaire.

Il revint dans le sud où le climat était doux et agréable. C'était un autre monde, un paradis terrestre, car il revenait assurément de l'enfer. Il n'avait qu'une seule semaine, sept jours pour apprécier les belles choses que lui offrait sa terre natale et profiter de tous les petits plaisirs et moments jouissifs avec les siens. Chaque fois qu'il se rappelait son voyage à venir pour rejoindre son poste de travail, l'enseignant en perdait le sommeil et l'appétit. La violence du souffle du vent nordique qui sévissait dans la zone pendant au moins quatre mois, l'y attendait encore. C'était une vraie terreur.

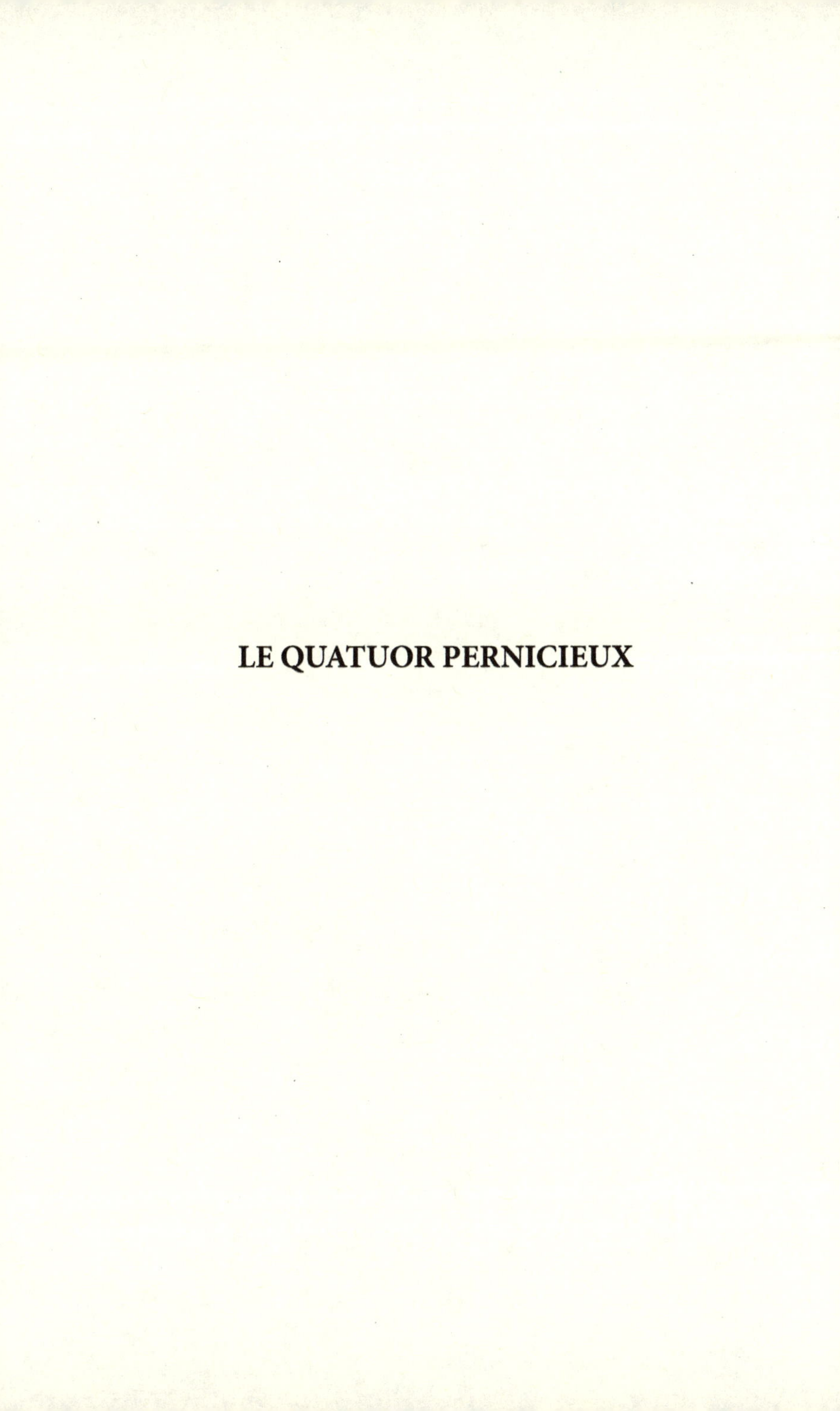

LE QUATUOR PERNICIEUX

La momie de la gigantesque œuvre architecturale trônait dans cette forêt urbaine de plusieurs centaines d'hectares, poumons de la ville du père fondateur de la nation. Jadis le siège du tout-puissant parti unique de la République, elle n'était plus qu'une structure désossée avec des lambeaux branlants, volatiles et dont le dôme surplombait encore avec une lugubre fierté les hauteurs de la capitale politique, preuve de la grandeur et de la démesure d'antan. Une œuvre dont la beauté combinait à la fois l'art occidental moderne et une touche architecturale orientale. C'était une fière bâtisse, avec de grandes salles de conférences, de nombreux bureaux surmontés d'une gigantesque coupole dont l'intérieur était finement sculpté de fresques d'héroïsme par des maîtres artisans occidentaux de renommée mondiale et l'extérieur parée de superbes dorures laissant éclater leurs splendeurs sous le regard lumineux du dieu soleil.

Un grand hall d'accueil où paradaient les portraits et les photos retraçant le long parcours des combattants de la liberté, de l'indépendance et surtout de la création de ce grand parti d'Afrique sub-saharienne, le Congrès Pour la Liberté des Peuples (CPLP).

Plusieurs escaliers en colimaçon partaient de là pour se perdre au premier niveau de l'édifice.

Le principal escalier servant le plus souvent à l'immortalisation des grands instants et du passage des grands hommes d'État donnait sur deux grands battants frappés du seau géant du parti libérateur. Une fois les portes ouvertes, de luxueux sièges invitaient le visiteur à y poser le fessier pour en rendre témoignage. Cela ne se voyait pas au quotidien dans la vie ordinaire du citoyen lambda pour qui c'était un lieu touristique. Un pan du mur de cette grande salle de conférence arborait à la fois le vert et le bleu, couleurs du parti et les photos officielles du maître d'œuvre, du génie, de la tête pensante de cette création.

Quelques privilégiés de l'arène politique d'alors côtoyaient un luxe insolent à cet endroit.

Fini les bonnes grâces du penseur et du faiseur de l'ouvrage lorsque le multipartisme en premier lieu et le trépas, secondairement, firent leur besogne.

D'une lente et sûre agonie, ce joyau, petit à petit tomba les armes à la main dans un dernier baroud d'honneur en accueillant en son sein flétri des milliers de gens en armes comme une caserne.

Désormais engloutie par la forêt et les hautes herbes, elle devint la résidence de toutes sortes de rampants, reptiles, mammifères et oiseaux. Seuls quelques intrépides aux desseins lugubres et macabres s'y aventuraient par des chemins quasi-impraticables.

Fidèles parmi les fidèles perfides et intrépides, Yougoné dit « Picho », Béla dit « Obiang », Fanny dite « Amazone » et David dit « Wiseman » étaient abonnés à ce lieu d'évasion morbide infesté de bestioles venimeuses les plus dangereuses qui existent sous les tropiques. Ces quatre jeunes avaient chacun une histoire jusqu'à leur rencontre et leur amitié autodestructrice.

Dix-huit ans plus tôt, Picho naquit, premier fils d'un jeune couple à l'avenir prometteur. Le père était un tout jeune fonctionnaire et la mère venait à peine de valider son brevet de Technicien supérieur dans une grande école de la place. Ce fils, socle du bonheur de sa famille grandit en toute quiétude. Dès les premières années de son existence, il donna la force à sa mère de consentir d'énormes sacrifices pour suivre son conjoint agent de développement agricole à son poste d'affectation à la lisière de la forêt de « Gbaméléplô ». Elle abandonnait ainsi tout rêve de vie à la citadine, de salariée et tout espoir de travailler un jour. Elle aimait ses deux hommes et eux, ils le lui rendaient au quotidien. Ils menaient leur paisible et tranquille vie dans le bonheur. Trois autres fils suivirent Picho les années suivantes. Les inévitables problèmes conjugaux s'invitèrent dans le foyer où désormais monotonie, éclats de voix et crises d'hystérie étaient monnaie courante.

De fil en aiguille, Yougonéti commença à trouver refuge ailleurs. Il préférait fuir ses responsabilités pour se vautrer dans l'alcool ou se blottir dans les tendres bras juvéniles d'Edwige qui avait encore le tonus et la fraîcheur d'une chaste demoiselle non encore corrompue par les vicissitudes de la vie sexuelle. Elle venait de faire son entrée par la fissure qu'avait créée la grisaille qu'était devenue la vie familiale de cet homme. Il n'avait désormais que deux passions, deux centres d'intérêt après son travail, sa dose de liqueur frelatée « koutoukou » distillée clandestinement dans la forêt juste à proximité de la demeure familiale et la toute fraîche Edwige. Il délaissa peu à peu sa compagne, mère de ses fils.

Yougonéti, après quelques mois de relation extra-conjugale avec Edwige, décida unilatéralement d'en faire sa seconde épouse au grand mépris de celle qui avait tout abandonné par amour pour le suivre. L'égoïsme de l'homme avait pris le dessus. Il usa de toute son autorité de chef absolu de la famille pour introduire la jeune coépouse à son domicile. Elle était l'objet de toutes les attentions de la part de son homme. Il n'y avait que d'amertumes pour la première dame devenue paria.

Picho et ses frères grandirent dans cette atmosphère délétère avec une autorité paternelle inexistante et un abandon de la mère.

La situation était de plus en plus difficile pour la maisonnée. Yougonéti ne supportait plus la présence de la mère de ses enfants. Il la congédia avec ses rejetons. Elle retourna auprès des siens avec ses quatre bambins sous la main.

Picho, premier né, devint rapidement autonome et se coiffa de la casquette d'autorité paternelle. Il faisait ses propres choix en cette période d'adolescence où il n'était certainement pas son propre maître à penser. Ses pulsions hormonales le menaient par le bout du nez. C'est à cette période tumultueuse, à la recherche de repères qu'il fit la connaissance d'Obiang.

De père grand brigand, ancien caïd du grand banditisme du pays, condamné à vingt ans d'incarcération pour homicide volontaire et de mère emportée par une fatale hémorragie de la délivrance après sa naissance, Béla dit « Obiang » vivait auprès de sa grand-mère maternelle qui prit grand soin de son petit-fils, l'unique. L'éducation donnée par des grands-parents, toujours décriée par les parents, avait tendance à céder trop facilement face à tous les caprices du fruit de leur descendance. Il intégra inéluctablement un gang, auteur de petits larcins et consommateur de stupéfiants de toutes sortes. Juste par mimétisme au début, Obiang devint friand de ces produits psychotropes qui une fois consommés le plongeaient dans un monde d'invincibilité absolue.

La petite Fanny aux yeux pétillants de vie et de gaieté, issue d'une famille dont le père était diplomate et à l'abri du besoin, fut rapatriée d'un pays d'Europe où les enfants sont et font la loi. C'est un pays où le droit est en faveur des enfants et où l'enfant détient l'autorité sur ses parents. Au nom de cette loi pro-mineur, elle déviait inévitablement vers les mœurs obscures que la globalisation servait à coups de matraquage médiatique et informatique. Aucun moyen de coercition dégradant tant sur le plan corporel que psychologique n'était admis par la loi pour redresser cette jeune rebelle. La réprimander, l'injurier et la battre relevaient de la défiance à l'autorité et pouvaient faire l'objet de poursuites judiciaires en cas de plainte. Ces géniteurs n'en pouvaient plus de voir leur fille se perdre dans ce nouveau monde.

Elle fut bombardée tel un boulet de canon dans la demeure de son oncle, commandant de brigade de la gendarmerie. C'était un officier imposant, reconnu pour sa rigueur aussi bien avec ses éléments que ses deux filles. Fanny allait devoir supporter désormais cette éducation martiale et apprendre le respect d'autrui et de ses parents. À défaut, elle subirait certainement des corrections à l'africaine. Elle rejoignit ses cousines angéliques qui étaient loin d'être saintes et chastes malgré leur éducation quasi-militaire et l'intransigeance de leur père. Elles avaient développé leur système pour s'adonner avec délectation aux interdits et rentrer à la maison comme des nones aux horaires stricts du commandant.

Au décours d'une de ces sorties entre cousines, Fanny fit la connaissance d'Obiang qui vivait dans le quartier voisin du leur. Elle tomba aussitôt sous le charme du juvénile délinquant aux dreadlocks. Ils se lièrent d'une grande amitié qui se mua en un amour fou d'adolescents. Petit à petit, Obiang l'intégra à son univers et lui attribua le sobriquet d'« Amazone ». Elle était sa guerrière. Pour lui, elle bravait toutes les forces hostiles avec stoïcisme y compris les interdits de son oncle.

Quant à Wiseman, le sage David, c'était le plus âgé de tous. Enfant de chœur à la paroisse où il reçut le baptême dès sa tendre enfance, David était un chétif jeune homme aux yeux bridés sans attraits particuliers qui rasait les murs et passait presque inaperçu partout où il se trouvait. Il perdit peu à peu son tropisme pour l'école malgré le soutien des prêtres et se replia sur lui-même. Il grandit dans la solitude au milieu de ses sœurs, son père et sa mère. Il finit par mettre un terme à ses études à la fin du premier cycle du secondaire malgré toutes les tentatives, les offres et tous les allèchements dissuasifs.

Un jour, il connut le plaisir et l'euphorie que procurait cette herbe finement enroulée dans du papier lors d'une de ses promenades solitaires sous les bois, non loin du squelette de la maison du parti. Il fut interpellé par deux jeunes hommes et une jeune fille qui avaient l'habitude de voir sa silhouette frêle flâner tristement dans le coin à la recherche d'un miracle salvateur pouvant l'extraire de sa funeste existence :

— Salut mon ami, tu me parais beaucoup triste. Qu'est-ce qui ne va pas ? lui lança la demoiselle du groupe qui n'avait aucunement froid aux yeux.

— Salut, tout va bien, merci ! répondit David.

— Ta mine moribonde nous en dit le contraire. Viens te joindre à nous pour qu'on échange un peu sur la vie. Cela te fera du bien. Moi, je suis Fanny, mon ami juste à mes côtés s'appelle Obiang et l'autre là-bas, c'est Picho, continua-t-elle.

— Moi, je suis David. dit-il en s'approchant du groupe.

Il se joignit à ses contemporains et ils papotèrent en toute gaieté en rigolant. Il était exceptionnel et rare de voir David en joie. Peut-être était-il déjà sous l'effet euphorisant de la fumée de cigarette improvisée que dégageaient les longues bouffées de fumée de ses trois nouveaux compagnons :

— As-tu déjà fumé de la cigarette ? lui demanda Obiang.

— Non, jamais de ma vie, répondit David.

— Ça te dirait une taffe, une seule ? Et tu m'en diras la suite.

— Pourquoi pas ? répondit-il après un bref instant d'hésitation.

Obiang lui tendit le papier enroulé laissant échapper un fin film de fumée grisâtre qu'il porta délicatement à ses lèvres. Il tira légèrement et prudemment sur le produit puis aspira avec précaution la bouffée. Aucune quinte de toux, aucune sensation d'étouffement comme s'il l'avait déjà fait auparavant :

— Tu es un sage toi ! plaisanta Fanny.

— Pourquoi suis-je un sage ?

— Parce que tu n'as pas naïvement tiré sur le mégot. Désormais, tu seras pour nous David le sage.

— David dit « Wiseman », ça fait plus sympa, renchérit Obiang.

— Je préfère « Wiseman », conclut David avec un léger sourire aux lèvres.

Wiseman arriva à la maison avec un sourire béat et commença à taquiner tout le monde comme jamais auparavant. Tous s'étonnèrent. Avait-il fumé de la moquette ? C'était la question la plus évidente qui taraudait l'esprit de sa mère, surtout avec la forte odeur désagréable d'herbe brulée difficilement dissimulable par du bonbon à la menthe. Il traînait à sa suite cette puanteur d'herbe aux relents de skunks qui lui collait à la peau comme des mouches sur des excréments.

Le groupe des quatre, quatre fanatiques de moquette, était constitué.

Chaque membre de ce quatuor y allait de sa technique et de son ingéniosité pour trouver les fonds nécessaires à la dose quotidienne.

Picho était devenu un petit voleur qui, en dehors de son temps d'évasion toxicologique à fortes bouffées d'herbes, passait son temps dans les cybers café pour s'adonner à sa seconde passion pourvoyeuse d'argent. Il avait la dextérité d'un arnaqueur professionnel qui faisait de ses interlocuteurs victimes une bouchée. Son pigeon du jour sur son application Messenger était un de ses camarades de collège devenu étudiant qui lui vouait un grand respect et tous leurs échanges étaient empreints de politesse et de courtoisie :

— Coucou !

— Bonjour mon frère !

— Comment vas-tu ?

— Je vais bien et toi ?

— Moi, je vais bien, mais, hélas, je viens de recevoir une mauvaise nouvelle. Tu vas me rendre un service urgent.

— Sans faute, vas-y, que puis-je faire pour t'aider ?

— J'ai mon petit frère qui est en clinique et il a besoin d'aide, mais je suis coincé à une réunion ici. Je dois lui envoyer de l'argent via mobile money. Je descends à 17 heures et je te rembourse.

— Ok, donne-moi le numéro de téléphone sur lequel je dois faire le dépôt de fonds et le montant à envoyer.

— Numéro : 00010203/montant : 30 000 FCFA.

— Bien, je l'appelle et je te reviens.

— Ok !

— Cher ami, c'est bizarre. J'appelle sur le numéro que tu m'as donné, mais on me dit que c'est la morgue de Dabou.

Aussitôt, Picho qui pour les besoins de son arnaque s'appelait Franck Adjé, étudiant en criminologie bloqua son interlocuteur. Son pigeon d'interlocuteur était un aigle royal qui venait de prendre le dessus dans son jeu de dupes. Le petit véreux n'avait aucune chance de le plaquer sur son tableau de chasse déjà très chargé.

Souvent, en désespoir de cause, il s'adonnait à des petits vols à la sauvette devant les banques, au marché, partout où l'opportunité s'offrait à lui de grappiller quelques pièces, le nécessaire à sa dose quotidienne d'herbes hallucinogènes.

Obiang assurait à la fois les frais de sa dose et ceux de son Amazone en bazardant tout ce qui lui tombait entre les mains dans la maison de sa grand-mère. Tout ce qu'on pouvait déplacer passait à la trappe chaque fois que le besoin se faisait sentir. Rien ne lui résistait, des appareils électroniques au sac de riz en passant par l'électroménager. Tout et absolument tout ce qui pouvait être vendu était systématiquement bradé à vil prix pour assouvir son addiction. Fanny, quant à elle, était l'actrice principale de cette parodie d'expédition punitive organisée par ses parents. Elle avait été coupée de tout appui financier de ses géniteurs en guise de correction.

Wiseman, lui, devenait le jeune homme pieux que toute la famille adorait chaque fois que le besoin d'argent se faisait oppressant. Il sortait sa Bible et se mettait en évidence pour se faire voir de toute la maisonnée. Aucune mère ne pouvait résister à cette tendre figure de David et tout de suite, il obtenait de quoi lui assurer son voyage quotidien dans les nuages sans toutefois oublier d'utiliser comme passeport les feuilles de la Sainte Bible pour enrouler son précieux produit. Il demeurait le plus grand échec de son père qui ne manquait aucune occasion de se décharger du fardeau de cet échec lorsqu'il recevait la visite de l'une de ses réussites, un ancien protégé devenu officier de l'armée.

« Fils, je suis fier de toi, de ta réussite et de ton respect pour la personne humaine. Que n'ai-je pas fait pour ton frère David que voici ? Hélas, c'est l'une de mes plus grandes déceptions… » C'était en substance, les propos d'un père, éducateur de formation, dont le cœur se vidait de toute sa substance vive face à son échec dans l'éducation de son fils unique. Véritable paradoxe pour cet excellent formateur qui fut un modèle et une boussole dans l'ascension sociale de plus d'un.

Son fils bien-aimé était désormais affublé de toutes sortes de qualificatifs aussi péjoratifs les uns que les autres, tantôt le « mouton noir », tantôt « la bête noire » de la famille. Cet enfant qui malgré l'amour inconditionnel de ses parents avait décidé de suivre l'irrationnel, l'illogique et le chemin malencontreux de la perdition devenait ainsi la terreur et le cauchemar de ses géniteurs.

À qui incombait la responsabilité de cette déviance ?

Était-il encore possible de ramener ces brebis égarées dans le troupeau ?

Les années s'étaient écoulées et chaque membre de l'ancien quatuor avait connu des changements dans son évolution.

Désormais, le quartier précaire de vlangnan où la promiscuité s'érigeait en maîtresse incontestée avec des baraques de toutes sortes vivait dans une plus grande crainte que d'habitude.

Depuis quelques mois, ce repaire de bandits de tout acabit était maintenant la base et la chasse gardée de Picho qui y régnait en impitoyable maître absolu à l'image de « Ze Pequeño » son idole, le caïd de la favela «Cité de Dieu» du Brésil. Il s'y était imposé par les armes et sa barbarie face à l'ancien chef des lieux. Son gang, fort d'une vingtaine de caporaux et d'hommes de main maîtrisait tous les recoins du bled paumé. Chaque membre assurait la sécurité de sa zone et donnait l'alerte à travers des systèmes ingénieux à leur patron en cas de problème ou de descente de la police. Ainsi, le chef de gang devenu célèbre, avait toujours une longueur d'avance sur ses poursuivants. Il opérait avec les siens très loin de sa base et laissait rarement des témoins sur son chemin. L'innombrable quantité de narcotique qu'il avait consommé avait fini par avoir raison de son aire cérébrale responsable des sentiments comme la compassion; il était désormais un véritable ange de la mort. Devenu un violent compulsif et un impitoyable individu à l'égo quintuplé par la drogue, il possédait tout ce qu'il désirait par la manière qu'il affectionnait le plus, la violence. Il se forgea une telle réputation qu'il devint l'ennemi numéro 1 des forces de l'ordre. Il était l'homme à neutraliser pour ne pas dire à abattre, à réduire au silence.

Picho ne pouvait pas éternellement échapper à cette fin funeste à laquelle il se destinait. Après des années lassantes de traque, juste une petite unité de la police criminelle fut affectée à cette mission de neutralisation du chef de gang. Il leur échappa à plusieurs occasions.

Cette nuit-là, la police qui avait infiltré son gang avait une longueur d'avance sur lui. Elle savait le lieu de l'opération du jour avec à sa tête le tout-puissant, indestructible et immortel chef Picho.

Le braquage de l'agence de la loterie nationale d'un des quartiers chics de la ville, une simple petite mission à vue d'œil pour le redoutable gang se transforma en champ de bataille. Plusieurs vies furent fauchées avec un triste bilan de deux policiers et de quatre gangsters tués. Encore une fois, le scélérat de Picho put s'échapper en prenant la poudre d'escampette à temps, conscient des terribles représailles à subir, lui et sa bande. Il disparut encore une fois de la circulation sans laisser de traces. Il trouva refuge dans un petit hameau de deux cents âmes environ dans les tréfonds du canton Zedy pour se faire oublier. Et la situation se calma. On n'entendit plus parler de Picho nulle part.

Six mois s'étaient écoulés et l'habitude étant une seconde nature, l'homme commença de nouveau à poser des actes délictueux et répréhensibles dans cette zone d'exil enclavée. Il dépouillait les pauvres paysans et les rares acheteurs de produits agricoles de la zone avec une agressivité sans pareil et le comble, il alla jusqu'à agresser sexuellement la jeune épouse du fils du chef de terre et vint s'enorgueillir dans la communauté, car il se croyait invincible avec ses gris-gris. Quoi de plus normal qu'il fût ragaillardi par ses prouesses puisque la police avait échoué à le neutraliser.

La riposte du jeune mari ne se fit pas attendre. Deux jours après cet énième forfait, le jeune homme et deux de ses amis, lassés du comportement déviant de Picho, s'armèrent de machettes puis firent irruption dans la case de ce dernier qui ronflait comme un grizzly endormi sous une forte dose de narcotique. Ils le battirent à mort dans une rage aveugle et s'en allèrent l'enterrer nuitamment dans la sombre et luxuriante forêt dense. La terreur Picho disparut ainsi à jamais. Il régna par l'épée et mourut par le glaive de la vengeance.

Obiang, dans son ivresse de jeunesse sans repère, fit la rencontre d'une âme providentielle qui l'aida à sortir de cette spirale infernale à laquelle était voué son avenir.

Sœur Marie, une religieuse au cœur d'or qui eut le coup de cœur pour le jeune homme la première fois qu'elle posa les yeux sur sa silhouette caractéristique d'accro à la drogue. Elle avait déjà eu à travailler avec ces jeunes qu'on croit souvent à tort perdus. Elle fit la rencontre d'Obiang par l'entremise de sa grand-mère désabusée par les agissements de son unique petit-fils. Ainsi la première fois qu'elle le vit, elle fut envahie de compassion et décida de lui venir en aide et de lui offrir de nouveaux horizons. Elle devait s'armer de courage et de patience avec ce jeune rebelle. Elle avait cependant l'expérience requise en la matière et avait déjà changé la vie de plus d'un. Ses premières tentatives pour dégoter un premier rendez-vous avec le fougueux jeune homme s'achoppèrent sur un véritable mur de béton. Elle s'était promis de réussir son pari de sauver cette brebis égarée.

Un matin, pendant qu'Obiang était encore dans les bras de Morphée les poings fermés, Sœur Marie s'invita chez eux à la maison. Elle prépara un petit-déjeuner copieux dont la délicieuse odeur finit par titiller l'odorat émoussé par la fumée de toutes ces herbes psychotropes que le jeune homme consommait au quotidien. C'était un parfum à déclencher la salivation prouvant encore la pertinence des travaux de Pavlov sur le sujet. Il se leva et prit juste la peine de se laver le visage et s'empressa de venir inspecter le salon pour satisfaire sa curiosité et ses envies. Sœur Marie était encore à la cuisine lorsque le jeune homme se mit à manger ce qui se trouvait déjà à table en maître absolu de la maison. Il n'avait aucunement pris la peine de s'enquérir des nouvelles de son aïeule et ignorait la présence d'une tierce personne dans la maison. D'un geste brusque et étonné, il arrêta aussitôt d'avaler goulûment les morceaux de viande lorsque la none fit son apparition :

— Bonjour Obiang !

— Bonjour Sœur Marie !

— Ne te gêne pas, continue de manger. C'est pour toi que ta grand-mère a confectionné ce délicieux petit déjeuner.

— Ok, merci ! dit-il en se servant.

— Pouvons-nous discuter un peu pendant qu'on mange ? reprit-elle.

— Pas de problème !

— Comment vas-tu ?

— Bien !

— Je suis heureuse qu'on puisse échanger aujourd'hui. Comment vont tes amis ?

— Je pense qu'ils vont bien aussi.

— Le petit-déjeuner te plaît ?

— Oui, c'est très bon.

— Ta grand-mère te l'a fait avec du cœur avant de sortir. Elle tient vraiment à toi et te souhaite toujours le meilleur dans ta vie.

— Ok, c'est bien alors.

— Elle t'aime énormément et elle souffre de ton comportement.

— Je vais devoir quitter la table Sœur Marie, fit-il savoir à la none, un peu en colère.

— Ok, désolé de te froisser et je te laisse manger tranquillement. Je voulais juste t'informer que demain soir, j'organise un repas ici avec ta grand-mère. Tu pourras inviter tes amis à partager avec nous.

— Ok, sans problème.

Sœur Marie venait de briser la barrière de glace entre elle et Obiang. Le processus était enclenché. Pour le jeune homme, après chaque bon repas de Sœur Marie, une bonne bouffée de drogue en plus et le paradis s'offrait à lui.

Au bout de deux mois, il accepta de suivre la Sœur à une activité de la CARITAS, une structure religieuse qui œuvrait dans les activités à but caritatif et social au profit des nécessiteux. Il y fit la rencontre de nombreux autres jeunes d'horizons divers avec différents parcours réunis à cette activité. Ils avaient tous la même passion, à savoir œuvrer pour le bien d'autrui et donner un sens à leur vie. Quoi de plus humble que d'aider les autres à avoir le sourire ? Le jeune homme fut marqué par cette première expérience et commença à s'interroger sur le but de sa propre vie pour la première fois. Le bilan de sa jeune existence n'était pas reluisant et se résumait au vol, à la drogue et à Fanny. Il se sentit inutile pour lui-même et pour la société tout entière.

De moins en moins présent dans les fumoirs et auprès de Fanny, celle-ci commença à supporter difficilement l'éloignement de son homme. Elle déprima et s'enfonça de plus en plus dans la drogue.

Obiang continua à participer aux activités de la CARITAS, et à travers les échanges avec les autres, il comprit qu'il n'était point le dernier de la classe, l'oublié de Dieu. Beaucoup d'autres jeunes avaient connu de plus douloureux malheurs et déconcertantes expériences que lui.

Sœur Marie avait encore récupéré une brebis. Elle commença à lui confier des responsabilités et au fil des mois et des années, il devint un des éléments essentiels de l'œuvre sociale de la communauté. Il sortit totalement de son addiction avec le soutien de tous ses nouveaux amis et compagnons.

Fanny était devenue méconnaissable depuis le départ d'Obiang pour une nouvelle vie. Elle ne supportait plus la situation puisqu'elle avait renoncé à le suivre sur la voie de la rédemption. Elle baignait dans la drogue et l'alcool au point qu'elle était devenue la chose de tous les libidineux en manque de jouissance qui profitaient de ses moments extra-lucides pour coucher avec elle. Très rapidement, elle tomba enceinte. L'auteur de la grossesse était un parfait inconnu. Elle ne savait aucunement qui était l'auteur de son état gravide. À maintes reprises, les délinquants avaient abusé d'elle à des moments où la drogue avait une emprise totale sur sa personne. Face à cette délicate situation, sa décision ne souffrait d'aucune hésitation. Elle décida d'interrompre sa grossesse dans une clinique de la place. Elle fut hospitalisée pendant une journée pour l'intervention. Que la journée fut longue et interminable pour cette jeune dame totalement en manque de sa dose quotidienne de narcotique !

Elle commença à faire subitement de la fièvre puis à transpirer à grosses gouttes dans la chambre climatisée de mise en observation. L'hyperthermie à 40 ° Celsius sans aucune porte d'entrée pouvant orienter le clinicien vers une pathologie infectieuse laissait le médecin déconcerté et dubitatif. Elle était brûlante au point ou la serviette humide posée sur son corps sécha en une poignée de minutes. Elle consumait de l'intérieur tel le farouche feu grégeois dévorant les galères sur de vastes étendues d'eau. Aucune eau, aucun moyen physique et aucun traitement médicamenteux ne pouvaient soulager cette rageuse flambée de température. Son visage inondé de sueur faisait espérer un instant de rémission. C'était le signe de la ravageuse bataille que menaient les pompiers de l'organisme pour venir à bout de ce qui consumait la jeune Fanny. Elle devenait pâle au fil du temps et la situation ne faisait qu'empirer.

Des nausées accompagnées de petits épisodes de crises démentielles firent leur apparition au point d'inquiéter davantage le disciple d'Hippocrate. Celui-ci réévalua l'état de la patiente et posa le diagnostic de syndrome de sevrage. Son antécédent de droguée très active conduisit le médecin à lui proposer de faire sa sérologie hépatique et VIH. Ce qu'elle accepta pour son propre bien.

Le soir tombé, elle fut exéatée de l'établissement de soins avec en mains son résultat d'examen biologique et le visage impassible malgré la mauvaise nouvelle qu'elle venait de recevoir. Elle n'avait pas le VIH. Cependant, elle était en pleine phase de réplication du virus de l'hépatite B. Cette infection virale du foie qui sévit de façon endémique en Afrique subsaharienne évoluait le plus souvent sous forme aiguë bénigne, mais pouvait devenir chronique avec de désastreuses conséquences telles que la cirrhose et le cancer primitif du foie.

Le foie, le plus gros organe de l'appareil digestif, est considéré comme l'usine par excellence du corps humain du fait de ses fonctions de synthèse des protéines, de stockage des nutriments et d'épuration des substances toxiques de l'organisme. Toute agression subie par cet organe venant du virus de l'hépatite B entraîne une lyse des cellules hépatiques qui conduit à un jaunissement de la peau et des conjonctives des yeux. Cette atteinte est souvent considérée à tort comme un paludisme. C'est une maladie négligée par méconnaissance de ses effets catastrophiques et de ses voies de transmission. Le contact avec les fluides corporels contaminés, notamment les fluides sexuels et le sang est le moyen le plus sûr de s'acoquiner avec l'agent pathogène. Fanny, dans son délire addictif, avait échangé à plusieurs reprises ses fluides corporels soit en partageant la même seringue que ses compagnons de déviance, soit en ayant subi des abus sexuels sans moyens de protection, empruntant ainsi le chemin d'un amour létal.

Cela faisait bientôt deux jours que David n'avait pas mis les pieds au domicile familial. C'était dans ses habitudes et les parents s'en étaient accommodés. Ils ne pouvaient pas renier leur fils unique.

À la même période, un individu à l'accoutrement défiant tous les codes du stylisme fit son apparition dans la petite ville. Il était vêtu d'une chemise avec de longues manches cousue dans du pagne d'origine hollandaise. Fourré dans une petite culotte de nuit, il portait des chaussettes de footballeur de couleur vert et blanc qui lui allaient jusqu'au-dessus des genoux avec des sandales en caoutchouc. Une petite cravate rouge nouée à la ceinture rehaussait l'harmonie décalée du style et du désordre psychique de l'homme. Il traînait près des points chauds de la cité notamment les maquis. Il s'était découvert des qualités d'excellent danseur et esquissait des pas de danse de surexcité baignant dans un délire psychotique. Il était presque en transe chaque fois qu'il entendait de la musique. Les puissantes drogues qu'il avait consommées sans modération à longueur de journées et d'années eurent raison de ses neurones et il perdit la raison.

David, le sage dit «Wiseman» ne fit point honneur à ce prénom biblique hautement estimé. Il était devenu fou. Une fois ses parents au fait de la gravité de la situation contactèrent les services de l'hôpital psychiatrique le plus proche et mirent tout en œuvre afin de l'interner dans cet établissement avec l'espoir de l'extraire des conséquences de sa grosse vie tumultueuse.

Tous s'étaient égarés et tous n'eurent guère la chance de sortir indemnes de leur rébellion vis-à-vis d'eux-mêmes et vis-à-vis de la société.

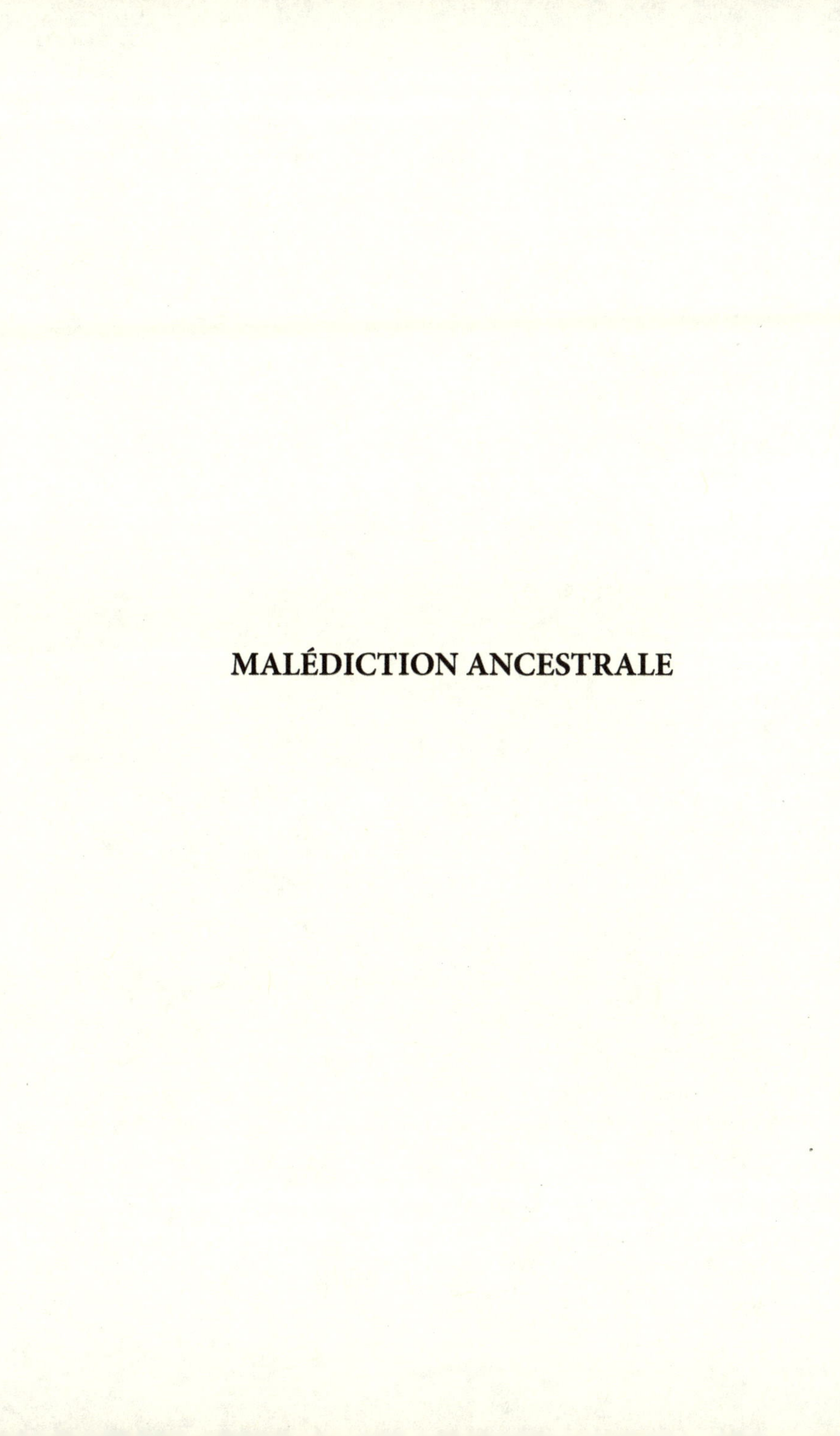

MALÉDICTION ANCESTRALE

Une semaine après leur mariage, le jeune couple Trazié recevait à sa demeure cosy de la capitale, la toute frêle et dénutrie Kefal.

Elle avait besoin d'un foyer chaleureux et de nourriture plus que tout. À douze ans, elle avait déjà vécu les affres de la misère en compagnie de son aïeule. Elle et sa grand-mère étaient des parias qui vivaient en marge de la société et de toute leur famille si famille, il en restait. Une villa inachevée leur servait d'abri.

Si jeune, elle s'était déjà mise à travailler telle une forcenée pour leur assurer au moins un petit repas journalier. Elle passait de petits boulots en petits boulots. Elle trouvait de petits boulots de plongeuse dans des petits restaurants malfamés de la ville. Elle se débattait comme un beau diable au milieu de monceaux de vaisselles. Souvent fille de ménage dont le travail était sous-évalué et mal payé, elle nettoyait de vastes demeures de nouveaux riches et cadres moyens, épuisait ainsi son enfance sous le poids de grandes séances de lessive. Que d'épuisantes tâches pour ce frêle être dans sa lutte pour la survie ! Cela était complètement en déphasage avec la politique nationale de lutte contre le travail des enfants. C'était presque une lutte vaine dans cette paupérisation où la hargne de survivre surpasse les lois sans véritable accompagnement et assistance. Elle était enfant et travaillait pour survivre avec son impotente aïeule. Elle ne verrait certainement pas ses jours se prolonger dans le séjour des vivants sans ces multiples petits emplois.

Aucun avenir lumineux ne se profilait à l'horizon pour elle surtout avec l'état de santé de sa grand-mère qui se dégradait allègrement. Kefal était la seule famille qui restait à la vieille dame malade et elle s'était juré de prendre soin du fruit des entrailles de sa fille unique arrachée à son affection trois mois après la naissance de sa petite-fille. Le géniteur de la fillette ne fut jamais connu de la vieille. Seule sa fille le connaissait et en garda le secret jusqu'à la tombe.

Les jours et les années qui passaient n'offraient aucunement de meilleures perspectives et n'étaient point une cure de jouvence ni de bonheur pour la jeune fille et sa grand-mère.

La vieille dame devait trouver coûte que coûte un point de chute pour sa descendance avant l'inéluctable dernier rendez-vous de son existence, la rencontre avec la sereine faucheuse qui s'annonçait. Elle en fit cas aux rares personnes qui avaient encore un brin d'empathie à son endroit dans ce monde ou l'individualisme fait loi.

La mère d'Inès, épouse de Trazié, avait connaissance de la situation précaire de la famille de Kefal.

Après la célébration de son mariage, elle se vit proposer une jeune fille par sa mère pour l'aider dans ses tâches ménagères vu que la famille devait s'agrandir avec l'arrivée du second enfant du couple. La proposition ne fut pas pour déplaire à la jeune mariée qui en informa son époux à leur retour à la capitale. Celui-ci n'y fit aucune objection et donna son accord pour l'arrivée de la jeune fille.

Quelques jours plus tard, le nouveau membre de la maisonnée Trazié est accompagné à la capitale par la puînée d'Inès. Très rapidement, elle prit ses marques et commença à faire ses preuves de travailleuse acharnée. Elle se réveillait avant tout le monde puis reposait son frêle corps après tous. C'était une véritable machine et bourreau du travail, refusant même de se reposer lorsqu'on lui demandait de faire une pause. Exceptionnellement infatigable, pour elle, se reposer était une perte de temps et d'un ennui morbide.

Au fil des mois, elle fut adoptée comme membre à part entière de la famille Trazié et traitée comme telle au même titre que les enfants du couple.

Trois ans plus tard, les Trazié décidèrent de la laisser rentrer auprès de sa grand-mère avec laquelle ils étaient régulièrement en contact et qu'ils épaulaient financièrement. Grande fut la joie de l'octogénaire minée par la maladie :

— Bienvenue ma petite-fille, que tu es devenue belle ! En plus, tu as bien grossi, avait-elle accueilli sa petite-fille.

— Merci, grand-mère, ma tante et mon tonton sont très aimables avec moi. Je ne me sens pas exclu. Ils m'ont pris comme leur enfant. Je dis merci à Dieu.

— Dieu soit loué ! Je peux partir en paix.

— Non, ne dis pas pareille chose grand-mère. Tu iras mieux.

Après deux semaines de vacances, elle prit congé de sa grand-mère et rejoignit sa famille adoptive. Elle était maintenant une femme et avait connu le passage obligatoire de l'enfance à la puberté.

Un soir, monsieur Trazié rentra du travail tout épuisé. Il prit un bain puis s'installa à table en compagnie de son épouse pour le dîner :

— Chéri, j'ai quelque chose à te dire. S'il te plaît, ne te fâche surtout pas.

— Ok, je t'écoute.

— Je ne sais pas trop comment te le dire parce que moi-même, je n'en reviens pas.

— Tu sais que je n'aime pas qu'on me fasse lambiner de la sorte. Et je n'apprécie pas le stress.

— Ta protégée Kefal dit qu'elle a un retard de menstruation.

— Mais quel est le problème ? Elle est jeune et ça arrive souvent au début de la puberté, les troubles du cycle.

— Elle pense être enceinte.

— Enceinte ? Elle a déjà eu des rapports intimes ? Depuis quand ?

— Elle m'a confirmé avoir coïté avec un jeune homme pendant son séjour auprès de sa grand-mère.

— Diantre, quelle est cette histoire ? Ah ! les enfants de nos jours n'ont rien compris de la vie. Ok, tu lui feras un test de grossesse et on verra la suite. D'ailleurs où se trouve-t-elle ? Je ne l'ai pas encore vue depuis mon arrivée.

— Maintenant que tu le dis, ça fait effectivement un bon moment que je l'ai vue aussi.

— Demande à ta fille Émeraude, peut-être qu'elle sait où se trouve Kefal.

— Ok, je vais le lui demander.

Inès se dépêcha à la salle d'étude, trouver sa fille aînée Émeraude :

— Émeraude, où se trouve Kefal ?

— Maman, je l'ai vue sortir aux environs de 17 heures, mais elle ne m'a rien dit.

— D'accord, je te laisse étudier tes leçons.

Un mauvais pressentiment traversa l'esprit d'Inès qui aussitôt se mit à contacter ses amies des anciens quartiers qu'ils eurent à habiter, mais aucune trace d'elle. Elle revint porter l'information à son époux qui trouva la situation préoccupante puisqu'elle n'avait jamais autant duré hors de la maison.

Aux environs de 21 heures, le couple décida de se lancer à sa recherche chez tous leurs amis, connaissances et en certains lieux chauds à travers toute la ville. Ils rentrèrent chez eux à 1 heure du matin sans la retrouver et tout épuisés. À la fois craintifs et en colère, maintes questions se luttaient la primeur de la justesse dans leur esprit. Que lui était-il arrivé ? Pourquoi avait-elle fugué ? Avait-elle été victime d'un enlèvement par des inconnus en ces temps d'insécurité ? S'était-elle faite du mal par crainte de la réaction des Trazié face à la nouvelle de son hypothétique grossesse ? Autant d'interrogations sordides turlupinaient l'esprit du couple qui en eut le sommeil écourté. Certainement, c'était une sottise de la crise d'adolescence. Le lendemain au petit matin, ils s'apprêtaient pour aller signaler la disparition de Kefal auprès des autorités policières lorsque le téléphone d'Inès sonna :

— Allô ! C'est qui ?

— Allô ! Bonjour madame, je suis monsieur Vincent et vous ne me connaissez pas. Je viens de retrouver une jeune fille ici à la lisière de la forêt urbaine couchée sur un banc de fortune qui prétend se nommer Kefal. C'est elle qui m'a donné le numéro lorsque j'ai cherché à comprendre les raisons de sa présence dans ce lieu dangereux, repaire de truands et de malfaiteurs de tout acabit. Apparemment, elle a dormi là. Je suis en ce moment auprès d'elle.

— Dieu merci, se porte-t-elle bien ?

— Oui, j'attends que vous veniez la chercher avant de continuer mon chemin.

— Merci infiniment à vous monsieur, je vous rejoins à l'instant.

Aussitôt, elle sortit puis héla un taxi dans lequel elle s'engouffra pour rejoindre Kefal. Elle appela son conjoint afin de le rassurer. Tout allait bien et elle avait récupéré la fugueuse.

Le couple était soulagé de la savoir bien portante et en un seul morceau. Cependant, la décision du chef de famille était claire après cette frayeur. Le lendemain, à la première heure, Kefal rentrerait définitivement chez son aïeule dans cet obscur avenir.

Inès, de grande sagesse et versée dans l'art de gérer les situations difficiles, avait anticipé en dépêchant une délégation de dames respectables composée d'une de ses tantes et une de ses meilleures amies auprès de son homme dans la soirée.

Il se comporta en père aimant et accepta de passer l'éponge sur ce dérapage d'adolescent.

Ce même soir, Kefal eût ses menstrues et le test de grossesse était revenu négatif. C'était une fausse alerte qui lui aura donné des sueurs froides.

À la suite de cet événement, le couple décida de lui produire un document prouvant son existence légale, car elle n'avait jamais été déclarée à l'état civil depuis sa naissance.

Inès se rendit auprès de la grand-mère de Kefal dans cette optique. Malheureusement, celle-ci agonisait seule depuis quelques jours dans sa maison. Kefal rejoignit aussitôt madame Trazié pour voir une dernière fois son seul et dernier parent biologique avant le voyage sans retour.

La vieille décéda le jour suivant l'arrivée de sa petite-fille avec l'assurance, cependant, que la chair de sa chair se trouvait entre de bonnes mains. Elle fut mise en terre les heures qui suivirent son trépas avec l'appui financier des Trazié, de quelques-uns des voisins de quartier et certains membres de sa communauté ethnique.

Aucun document d'identité n'était disponible dans les affaires de la vieille pour l'établissement d'un jugement supplétif pour la jeune fille.

Cependant, Inès désirait coûte que coûte donner une existence légale à son orpheline de protégée. Elle contacta une de ses tantes qui accepta volontiers que l'adolescente porte son nom légalement. Elle, qui n'eût jamais la grâce de l'enfantement, avait désormais une chance de décharger son immense amour maternel sur Kefal.

L'adolescente était une apatride. Jamais de sa vie, elle ne connut une existence légitime et légale. Elle faisait partie de ces milliers, voire million d'enfants et adolescents dont les parents trépassés ou dont les parents par négligence ou encore par pure ignorance n'avaient jamais déclaré leur naissance auprès des autorités administratives. À quoi bon de le faire puisque cela ne servait à rien ? Des parents qui ignoraient royalement l'intérêt de la déclaration d'un rejeton. À quoi donc servait un extrait d'acte de naissance si on en ignore la portée ? Un encombrant papier de plus entre les mains d'un analphabète en quête de son repas quotidien. Il paraît évident, pour lui, qu'un enfant vient de la volonté de Dieu. L'Éternel, pourvoyeur, s'en occuperait de la meilleure des façons. Il n'avait, de ce fait, pas le temps de se préoccuper d'un bout de papier. Le Père Dieu était au contrôle de tout. Ces nombreux inconnus, qui ne rentraient pas dans les statistiques étatiques, faussaient à n'en point douter toutes les meilleures planifications du monde. Toutes les stratégies de développement à l'endroit des populations étaient mises à l'épreuve de la qualité des données en général et des données de l'état-civil en particulier. Quelles voies de recours s'offraient à ceux et celles que le destin aidait à sortir de l'inexistence ? Le jugement supplétif donnait un sens à leur vie, à leur existence, à leur reconnaissance comme enfant appartenant à un État. C'était un document délivré par un juge de Première Instance ou d'une Section du Tribunal. Seule autorité judiciaire habilitée à délivrer ce sésame à la suite d'une analyse approfondie des documents, des preuves et d'une audience.

Cependant, force fut de constater à l'entame des démarches, l'existence de nombreuses voies détournées qui avaient pignon sur rue. Ces réseaux sévissaient dans l'impunité totale. Ils produisaient des documents d'acte de naissance au besoin et selon la taille du portefeuille du client. Pour les amateurs de raccourci, nul besoin de subir le dictat de la lourdeur des démarches administratives et judiciaires pour se procurer un document qu'on pourrait empocher en moins de 24 heures. Des documents dont l'originalité ne souffrait d'aucun doute. Le couple Trazié décida de demeurer dans la voie officielle pour offrir une existence légale à leur protégée.

Kefal fut inscrite à des cours de couture et une machine à coudre flambant neuve lui fut offerte par sa famille adoptive. Seul un métier pouvait lui assurer un avenir meilleur. Elle faisait preuve d'une efficacité et d'une rapidité sans commune mesure dans l'apprentissage. Au bout de deux ans, elle savait déjà le minimum utile pour concevoir et confectionner des tenues pour enfants et adolescents.

Inès et sa meilleure amie Laetitia étaient assises au salon, le visage grave et le regard sombre. Kefal se cloîtrait dans un coin de la maison, les yeux rouges, le visage amer et soucieux :

— Bonsoir ma chérie, bonsoir Laetitia, lança monsieur Trazié à son arrivée à la maison.

— Bienvenue chéri, répondit Inès.

— Bonsoir monsieur Trazié, dit Laetitia.

— Quelle est cette atmosphère de deuil dans ma demeure ?

— Il y a un sérieux problème ici, mon mari. Dépose tes affaires et je te raconterai tout dans les détails.

— Ok, je suis là, fit entendre Trazié après avoir jeté son sac de travail dans l'un des fauteuils.

— Ta fille Kefal est enceinte et c'est confirmé.

— C'est très bien ça. Elle accouchera si elle est enceinte, mais cela se fera chez le responsable de sa grossesse. J'espère qu'elle connaît bien la maison de ce dernier, dit le chef de famille avec un sourire de dépit.

— Oui, je me suis déjà rendu chez lui à la maison pour rencontrer sa famille. Cela, depuis que j'ai appris la nouvelle, rassura Inès.

— Et qui est-il ?

— C'est un jeune aide-maçon qui se débrouille près du petit marché du quartier.

— J'aurai finalement compris que ta fille est une inconsciente. Cependant, le bon dans toute cette situation est qu'elle peut commencer à ranger ses affaires. Demain, dans la soirée, tu l'accompagneras chez son copain. J'en ai fini.

Un silence s'abattit sur la maison. En colère et remonté contre sa petite insouciante de protégée, il avait décidé de l'accompagner dans l'accomplissement de son choix et de lui permettre de vivre son idylle avec son galant Moussa.

Moussa, jeune déscolarisé, était issu d'une famille de huit enfants et vivait encore avec tous les siens dans la petite maison familiale décrépie de deux pièces à la couleur algue, à l'exception du père trépassé cinq années auparavant. En plus de tous les frères et sœurs qui se partageaient le petit salon où ils s'entassaient toutes les nuits comme des esclaves entravés dans un négrier, il y avait quatre petits-enfants qui partageaient la même chambre que leur grand-mère. Les jours qui passaient se ressemblaient, pénibles les uns que les autres tant la promiscuité et la misère jouissaient d'un vaste champ d'action et d'un terrain propice. Avoir un repas journalier était au quotidien un exploit. Les eaux usées, véritable cocktail de puanteur, de bactéries et de déchets de tout genre flirtaient avec l'espace vital immédiat de la maisonnée. Il était donc difficile de croire et d'admettre que Kefal se fit enceinter dans une promiscuité pareille. Il ne serait alors pas difficile pour elle d'y vivre. On pourrait simplement imaginer aussi que le jeune Moussa préférait certainement coïter que de s'offrir un petit repas convenable et fort utile pour son métabolisme avec les miettes qu'il arrivait à capter des rares perforations de la paume avare de son patron.

Kefal était incontestablement sa propre bête noire.

Le lendemain, de retour du travail, Trazié tomba sur une forte délégation d'individus inconnus dans son salon. C'étaient Moussa et ses frères. Une dame d'un âge avancé les accompagnait. C'était leur mère.

Inès s'empressa de suivre son époux dans la chambre pour lui expliquer le contexte de la présence de ces visiteurs :

— Bonsoir messieurs, bonsoir maman, salua Trazié.

— Bonsoir monsieur, répondirent-ils en chœur.

— Quelles sont les nouvelles qui vous amènent chez nous ? demanda monsieur Trazié.

Après quelques secondes d'hésitation entre les membres de la délégation qui paraissait orpheline de porte-parole, l'un des frères de Moussa prit courageusement la parole pour faire l'anamnèse de la rencontre du jour. Aussitôt, Trazié mit un terme au débat aussi brusquement que cela pouvait présager :

— Avec tout le respect que j'ai pour la personne humaine, je pense que vous venez chez moi pour vous foutre de moi. Kefal, prends tes affaires et suis-les.

— Mon fils, s'il te plaît, ne chasse pas ta fille de chez toi. Je reconnais que mon fils a manqué de sagesse. Quitter votre maison pour la nôtre serait assurément un suicide pour elle et son futur enfant vu le calvaire dans lequel nous vivons. Votre épouse a vu le lieu où nous habitons et ce n'est pas digne de votre fille. Je vous en conjure, ne la punissez pas de la sorte, raisonna ainsi la vieille dame sortie de sa torpeur.

— La vieille, j'ai bien entendu ce que vous venez de me dire, mais la vie est un choix. Vous y vivez et Dieu vous fait grâce donc ce ne serait pas aussi terrible pour elle de vous rejoindre. En plus, elle connaissait suffisamment vos difficultés pour accepter de prendre le risque de tomber enceinte de votre fils dans votre maison probablement. En conséquence, cela ne lui posera aucun problème d'aller vivre sous votre toit. Je pense que vous prenez la vie avec une facilité déconcertante en me demandant de m'occuper de cette grossesse en la gardant chez moi à la maison. Pour vous, il y a donc des gens pour enceinter et d'autres pour s'en occuper.

— Je vous demande pardon mon fils. Nous ferons l'effort de prendre en charge les consultations prénatales et si possible l'accouchement.

Après une bonne heure d'échanges houleux, Trazié renonça à expédier sa protégée dans cet enfer à ciel ouvert.

Le couple s'occupa de Kefal et de sa grossesse jusqu'à l'accouchement. Sa grossesse était médicalement reconnue comme une grossesse à risque. Sur le plan anatomique, la jeune future maman avait un petit bassin qui constituait naturellement un obstacle physique au passage du bébé. Une indication de césarienne fut posée par le gynécologue dès qu'elle entra en travail. Les coûts afférents à l'intervention chirurgicale étaient élevés. Inès fit appel à Moussa et sa famille pour leur porter l'information. Ils restèrent des abonnés absents en cette période délicate. Une fois de plus, le couple Trazié fit face à tous les frais et Kefal ouvrit les yeux quelques heures plus tard en salle de réveil avec à ses côtés une jolie petite fille de trois kilogrammes.

Le lendemain de la césarienne, tel un quidam, Moussa se pointa au service d'hospitalisation de la gynécologie pour apprécier le résultat de son travail. Il ne pouvait guère franchir le seuil de la porte de la chambre de Kefal puisque le couple Trazié était auprès de la jeune maman. Les Trazié étaient d'une compliance remarquable à toute épreuve et ils lui donnèrent la permission d'entrer pour voir son enfant puis ils se retirèrent momentanément.

Désormais, les Trazié s'occupaient en plus de leurs deux enfants, de Kefal et de sa fille Moudou.

Moudou avait maintenant dix-huit mois et le couple Trazié envisageait de nouveaux projets pour Kefal. Elle rêvait d'aller à l'aventure, de prendre un jour l'avion. En dépit de ses frasques, le couple décida de lui en donner l'opportunité et entama les démarches dans ce sens. Les Trazié espéraient que la noirceur de la bête ne prendrait plus le dessus sur elle après ses nombreuses frasques.

Trois ans plus tard, Kefal brillait de toute beauté dans sa nouvelle vie d'immigrée. Elle était indépendante et autonome financièrement. Elle transférait régulièrement les fonds à sa mère restée au pays pour assurer la prise en charge de sa fille. La malédiction familiale semblait pour une fois conjurée.

Ce samedi matin-là, Trazié reçoît un appel téléphonique qui n'augurait aucune bonne nouvelle. La voix tremblotante de sa jeune sœur lui fit comprendre la gravité de la situation.

— Grand frère, je suis abattue. On doit prier, car les nouvelles ne sont pas bonnes.

— Calme-toi et dis-moi ce qui ne va pas.

— La petite Kefal vient de nous laisser. Elle est restée dans l'eau.

— Que dis-tu ?

— Kefal et son ami sont restés dans la Méditerranée.

— Mon Dieu, savais-tu qu'elle partait pour l'Europe ?

— Non, mon grand frère.

— Je lui avais répété à plusieurs reprises de ne jamais prendre cette voie. Mon Dieu.

« *Je vais Lampa* », c'étaient les derniers mots qui résonnaient dans l'esprit de Trazié. Il avait demandé à Kefal la signification de cette expression. Il n'avait obtenu en réponse qu'un simple « *tonton, on ne dit pas tout* ».

Maintes fois, il l'avait mise en garde et dissuadée de projeter un éventuel voyage pour se rendre en Europe clandestinement surtout par la dangereuse voie de la Méditerranée. *Lampa* avait eu raison d'elle, de son projet de vie, de son rêve et de son existence. Elle ne sût point résister à l'appel de la sirène de la mort. Elle répondit à l'appel mortel de cette insaisissable Méditerranée. Cinquante-neuf âmes étaient unies dans cette fin tragique. Encore, cinquante-neuf familles endeuillées par la méditerranée, dira-t-on et le monde continuera avec son flot continuel de candidats à cette mortelle escapade.

Que de douleurs, Kefal, acharnée petite ouvrière, n'aura pas fini de construire sa ruche qu'elle fut happée par les « djinns » ancestraux malfaisants.

Hommage à notre regrettée Monty Grâce Christelle

BEL ESPRIT DE COMPÉTITION

Béma avait débarqué en 6ème 15 au Lycée public Nakaba en provenance de l'école primaire publique de Kouégo après une performance remarquable à l'examen d'entrée en sixième avec la bourse en poche. Il avait été victime d'une poliomyélite à son enfance, maladie qui le marqua à jamais dans sa chair. Il était handicapé moteur. Avec ses jambes frêles, il se déplaçait à l'aide de béquilles en bois. Ses tares et sa souffrance physiques ont été compensées par son intelligence et son courage. Il avait à prouver encore une fois de plus à la société qu'un handicapé demeure une force avec laquelle il faut compter.

Aucun fils de la fratrie n'avait connu les bienfaits de la vaccination et le sort avait désigné l'enfant Béma pour faire prendre conscience plus tard à ses parents les conséquences de leur ignorance et de leur esprit obtus. Ils avaient toujours refusé, armes à la main avec véhémentes paroles, de laisser passer leurs fils au bout d'une aiguille, et n'acceptaient point que leur progéniture consommât la moindre substance médicamenteuse moderne.

Cette redoutable infection virale, très contagieuse, mais évitable par la vaccination, contractée par ingestion d'eau ou d'aliments contaminés eut raison du jeune homme.

Il s'était fait un moral d'acier lorsque son cerveau intégra qu'il était différent des autres enfants dits normaux de son âge. Lui, qui faisait fréquemment l'objet de railleries de la part des autres, savait se faire respecter. Il avait une poigne de fer. Se défaire de la force de ses virils bras musclés relevait de l'impossible pour ceux de son âge. Il imposa ainsi le respect par son intelligence et la force de ses membres supérieurs.

Béma rejoignit ainsi une ribambelle d'adolescents venus de divers horizons, chacun avec son curriculum vitae scolaire.

Très loin d'être célèbre, le Lycée public Nakaba n'existait aucunement dans la shortliste des établissements d'excellence du pays. Pour ceux qui avaient, à un moment donné de leur parcours scolaire, fréquenté cette école le témoignage était unanime : c'était une institution rigoureuse dans le travail. Elle méritait donc sa place dans le gotha très select des établissements d'excellence. Si par excellence, on entendait tous et unanimement qualité de l'enseignement dispensé et performances des encadreurs et des apprenants et non pas seulement les établissements d'excellence chouchoutés des grandes villes du pays.

La plupart de tous les élèves étaient conscients d'être des privilégiés et d'être sur le bon chemin, le sentier de la réussite.

Heureux et fiers de leur nouvel uniforme bien dressé, non encore corrompu par l'usure des bancs et de l'ancienneté, ces gamins étaient appelés « Gbao » par les plus anciens. C'était le nom ironique et moqueur attribué à tous les nouveaux collégiens des classes de 6ème.

Soulou était de la même classe que Béma. Zandro, quant à lui, était d'une autre classe de « Gbao » de la même école.

Soulou avait fait ses classes primaires à l'école primaire publique de Thoville. Il était un très bon élève et raflait à chaque occasion la première place. Son petit défaut était sa tendance à la taquinerie et sa propension à chercher la bagarre, avec une bonne dose de narcissisme. Dur dans ses propos envers ses condisciples, il n'hésitait jamais à rabrouer ses camarades de classe et à leur rappeler qu'ils n'étaient que ses subordonnés. Il était absolument invivable et hautain.

Le tableau des performances au secondaire ne se dessina qu'après le premier trimestre de l'année scolaire. Chaque professeur passait pour calculer les moyennes avec l'ensemble des élèves de la classe. Après eux, c'était au tour du professeur principal de la classe qui était chargé en plus de sa matière de calculer les moyennes trimestrielles et générales de ses élèves. Il était leur père, leur interlocuteur direct, le pont entre l'administration et ses pupilles.

Deux élèves furent désignés pour se rendre au tableau noir. Ils tracèrent des colonnes puis de la gauche vers la droite, ils inscrivirent respectivement un nombre selon un ordre croissant au-dessus de chaque colonne. Ces nombres allaient de huit à dix-sept. Les deux élèves écrivaient dans chaque colonne correspondante les décimales des moyennes que leur dictait le professeur. Avec l'aide des autres élèves, ils calculaient la moyenne générale du trimestre de chacun avant de l'inscrire au tableau :

— Nous passons à l'élève suivant. J'espère que vous suivez, avertit monsieur Rabi.

— Oui Monsieur, répondirent les élèves, en chœur.

— 17,33 ; 16,59 ; 18,65… C'est qui cet élève ? Il est le premier dans toutes les matières exception faite de l'éducation physique et sportive dont il est dispensé. Toute la classe tendit l'oreille espérant entendre le nom du génie. Cependant, monsieur Rabi prit soin de ne rien laisser fuir et de maintenir le suspens.

Après une heure de travail, le professeur demanda à chaque élève de noter et de retenir sa moyenne et son classement en vue d'une éventuelle réclamation dans les vingt-quatre heures.

Béma était en milieu de liste selon l'ordre alphabétique. « Béma, 17,05 de moyenne, premier. Mets-toi debout qu'on te voie » lui intima monsieur Rabi. Un frêle garçon d'une dizaine d'années à peine sorti du berceau pouvant aisément être ballotté de toutes parts par le vent, se leva. Il ne manqua pas d'arracher aux lèvres de l'encadreur une expression d'étonnement : « waw ! c'est un bébé en plus. Toutes mes félicitations, mon petit. Continue ainsi ! ». Il était en effet l'un des plus jeunes de sa classe. Par la même occasion, monsieur Rabi en profita pour voir et adresser ses félicitations aux deux autres membres du trio de tête.

Soulou était le deuxième et il venait ainsi de jauger l'efficacité de l'ensemble des élèves de la classe, et notamment celle de celui qui allait être sa bête noire durant tout leur cursus secondaire.

Les trimestres et les années scolaires se suivirent et l'ordre établi était intouchable. Incontestablement, Béma était un génie inamovible. Toute la classe était unanime sur le fait que la première place lui était réservée, une vraie chasse gardée. Seul, Soulou espérait inlassablement le détrôner un jour.

En classe de 3ème, Béma commença à concéder la première place dans quelques matières. Mais, à la fin du trimestre et de l'année, il demeurait le roi.

Cette année-là, un autre élève commença à faire parler de lui dans une autre classe sœur de troisième. Il était sorti de nulle part et brillait par des performances affolantes tant dans sa classe que lors des devoirs communs de niveau. Rarement, il avait obtenu une note inférieure à seize sur vingt. Il était un très bon élève. Très rapidement, un visage fut associé au célèbre nom Zandro. Ce nonchalant jeune homme avait relativement le même âge que Béma et passa inaperçu jusqu'en dernière année du premier cycle du secondaire où il fit une apparition fulgurante. Désormais, la saine compétition à distance était ouverte entre les deux contemporains qui n'avaient apparemment pas de concurrents à craindre dans leur classe respective. Ils se craignaient mutuellement et leur relation se résumait à de simples salutations sans aucune animosité. Ils décrochèrent avec la mention « Bien » leur Brevet d'Étude du Premier Cycle et furent maintenus dans leur établissement pour la suite de leurs études. L'un se retrouva en seconde C1 et l'autre en seconde C2. Il y avait aussi dans leurs nouvelles classes beaucoup de nouveaux élèves venus de plusieurs établissements privés de la ville et de quelques autres villes du pays. C'étaient pour la plupart les meilleurs de leur école d'origine.

Dès la rentrée, chacun grappillait çà et là les informations utiles sur le potentiel homme fort à qui il aurait affaire. Certains mêmes se laissaient aller à des paris et à des défis :

— Vois-tu le jeune homme assis là-bas ?

— Oui, c'est qui lui ?

— Il s'appelle Béma. C'est notre terreur depuis la classe de sixième.

— Je t'assure qu'ici en seconde, il fera pâle figure. Moi, j'aurai le dessus.

— En-tout-cas, je te souhaite bonne chance dans la réalisation de ton projet.

Tous les potentiels nouveaux candidats à la première place avaient déjà pris le pouls de la classe et jaugé l'homme à démystifier.

Le premier round fut remporté par Béma aussi bien en confrontation directe dans sa classe qu'en confrontation indirecte avec Zandro qui remporta à son tour le second round. Le dernier fut l'affaire de son rival Béma avec un tout petit écart. Chacun, à travers ses performances, motivait l'autre à faire mieux et c'était de bonne guerre dans un esprit sain et courtois. C'était une bien belle époque !

Zandro, après deux années de fulgurance, alla poursuivre ses études sous d'autres cieux et Béma continua dans le même établissement jusqu'en classe de terminale, série D.

L'année débuta avec son corollaire de difficultés. À la fin du premier trimestre, leur classe avait la plus faible performance d'entre toutes les terminales. Toute la classe fut sévèrement sermonnée par l'équipe administrative.

Les moyennes furent calculées et à la surprise générale, Béma était à la deuxième place. Le premier se reconnaissait, mais n'en croyait pas ses yeux et ses oreilles. Il était lui-même hébété et dépassé par la tournure des événements tant cela était inespéré. Il avait depuis un bon moment, abandonné en toute conscience son projet de récupérer la première place depuis que le destin avait fait de lui un camarade de classe de Béma. C'était inespéré, il venait enfin de ravir la place tant convoitée à son éternelle bête noire. Soulou était le premier de la classe. À l'initiative de Béma, qui commença à l'applaudir, toute la classe en fit de même. Béma, très respectueusement, se leva et alla lui serrer la main en signe de respect pour sa constance et sa ténacité. C'était pour le nouveau maître de la classe un honneur.

Au cours des deux trimestres qui suivirent, Béma démontra que le premier trimestre n'était qu'un petit accident de parcours. Il remit les pendules à l'heure et rétablit l'ordre logique des choses se faisant respecter de tous.

Ils passèrent le baccalauréat et se retrouvèrent tous dans l'enceinte de l'établissement pour la proclamation des résultats et le retrait des bulletins de notes d'examen. Les cris de joie et les pleurs s'entremêlèrent. Certains manifestaient leur joie et d'autres sanglotaient pour se décharger de leur peine.

Les élèves se dirigeaient vers le secrétariat pour le retrait des collantes. Chemin faisant, Béma retrouva Soulou qui tenait en main son relevé de notes :

— Toutes mes félicitations mon frère Soulou ! Je vois que tu as déjà retiré ta collante.

— Merci Béma, oui, je viens à peine de la retirer.

— Combien as-tu obtenu comme note à l'examen ?

— 260 points sur 400, annonça-t-il avec fierté.

— Wao ! tu as vraiment frappé fort. Je suis content pour toi.

— J'ai même obtenu la note de 19 sur 20 en mathématiques.

— Je m'incline respectueusement devant ta performance !

Béma doutait de faire mieux tant la barre était placée haut. Et Soulou, assurément, le pensait aussi. Il avait fait un super score difficilement égalable en effet. Il traîna encore un peu dans la cour en signe d'au revoir à l'institution qui l'avait fait et par la même occasion attendre de voir la note finale de celui qui pendant tout son cursus fut sa bête noire. Il n'eut malheureusement pas cette chance.

Deux mois après les vacances scolaires, ils se retrouvèrent à la capitale économique pour les préinscriptions dans les universités et grandes écoles :

— Bonjour Béma !

— Bonjour Soulou, comment vas-tu, mon frère ?

— Je vais bien et chez toi ?

— Dieu fait la grâce de nous accorder la santé et le souffle de vie.

— Au fait, combien as-tu obtenu finalement comme note au baccalauréat ?

— 263 points !

— Pfff, tu es un sorcier toi, Béma ! conclut Soulou désenchanté.

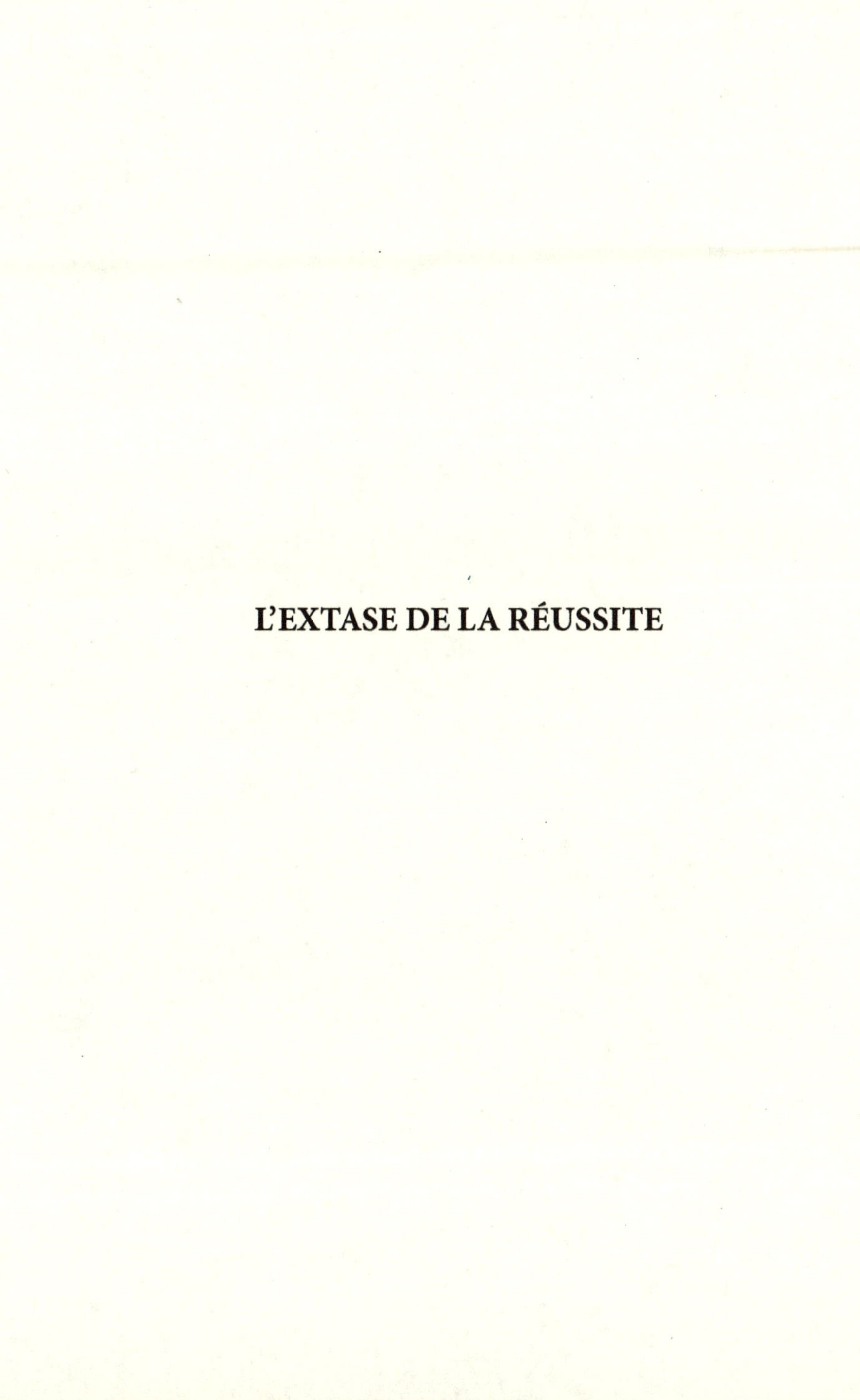

L'EXTASE DE LA RÉUSSITE

Trois mois de vacances de folie et de joie suffirent à la nouvelle bachelière euphorique et naïve pour sceller son sort.

À peine sortie de l'adolescence à ses dix-huit printemps, elle était devenue femme et par ses attributs, elle le faisait savoir à tous.

Elle et sa bande de copines, en classe de terminale, rivalisaient plus de coquetterie que d'ardeur au travail. Elles n'étaient ni parmi les premiers de classe ni parmi les derniers cependant.

Da Silva et Fidélia étaient les inséparables du groupe.

Da Silva avait le charme et le canon de la belle femme africaine, avec une forme généreuse à souhait, agrémenté d'un caractère bien trempé.

Fidélia, une beauté répondant au canon européen, svelte avec une distribution rationnelle de la masse musculaire, était d'une factice timidité. Elle paraissait à la fois douce, frêle et fragile avec un petit brin d'insolence et de suffisance.

Durant l'année scolaire, elles passaient le plus clair de leur temps à jouer les vedettes de ce lycée exclusivement réservé aux filles. Elles étaient toujours en quête d'une invitation pour des sorties nocturnes dans les maquis et bars de la cité. Elles maîtrisaient tous les endroits chics de la ville et s'imposaient un style de vie dont elles n'avaient absolument pas les moyens. De facto, elles devaient sortir avec les jeunes cadres aux ressources financières stables et qui pouvaient leur offrir de l'alcool, du poulet, du poisson et du sexe tous les week-ends.

En fin d'année scolaire, à la surprise générale, elles obtinrent avec succès le baccalauréat à leur première tentative. Oui, c'était fait ! Elles avaient relevé le défi du bac et démontré aux yeux des sceptiques et aigris que leurs multiples escapades n'étaient en aucun cas un obstacle à leurs études et à leur ascension, a priori.

L'extase de la réussite, comme le catalyseur d'une réaction chimique, les bombarda de plus belle dans la quotidienne mondanité quasi-décadente.

Elles écumaient les poches des multiples prétendants dans les restaurants, les maquis et les bars tant elles étaient déchaînées. Rien d'autre n'avait d'importance en cet instant précis. Elles avaient leur diplôme et rien ne pouvait les troubler dans la manifestation de leur joie.

Da Silva avait joué les entremetteuses entre sa meilleure amie Fidélia, nouvelle bachelière, future étudiante même si elle ignorait royalement vers quelle faculté s'orienter et Freddy, jeune employé d'une grande régie financière étatique de la place.

Ce n'était pas bien grave, Fidélia avait tout le temps de réfléchir à la suite à donner à ses études. L'heure était à l'amusement sans modération avec la bénédiction tacite des parents.

Freddy était aux petits soins de Fidélia. Sorties tous les week-ends en boîte de nuit, nuitées dans les luxueux palaces et l'argent de poche étaient la nouvelle vie de star que menaient les tourtereaux. Cependant, Fidélia ignorait presque tout de ce jeune homme friqué et jouissait goulûment de la vie qu'il offrait. C'était un riche et jeune célibataire qu'elle pouvait plumer à souhait et à volonté.

Trois mois après le début de l'idylle, les situations peu gaies commencèrent à se succéder. Fidélia tomba enceinte à deux mois de la rentrée universitaire. Que faire ? Elle vivait avec sa mère qui n'avait plus le contrôle sur elle depuis son adolescence. Deux solutions s'offraient à elle. La première était d'interrompre la grossesse et la seconde était de la garder, de renoncer à son année universitaire et d'aller vivre avec Freddy. La dernière option fut retenue par les deux amants. Elle devait déjà tirer un trait sur cette belle aventure estudiantine avec amertume sans l'avoir goûtée. Son seul réconfort était la thune de Freddy qui répondait à tous ses caprices. Elle aménagea dans le splendide studio américain que louait le jeune homme depuis six mois environ.

Freddy, employé de la plus puissante institution financière du pays, n'était qu'un simple coursier rémunéré au salaire minimum garanti de soixante mille francs CFA. Il bénéficiait aussi d'une prime trimestrielle de cent cinquante mille francs. Comment arrivait-il à s'offrir un studio de quatre-vingt-dix mille francs par mois ? Avait-il des affaires prospères extra-professionnelles ? Était-il héritier d'une fortune colossale ?

Il n'en était rien du tout. Cet orphelin avait juste eu la chance de se retrouver au bon endroit et au bon moment. Il n'exerçait que ce travail que par l'entremise d'une généreuse âme.

Son travail de coursier lui permit de maîtriser tous les rouages de la société. Il usa de son génie pour mettre en place un système de paiement parallèle de documents officiels en complicité avec d'autres esprits malsains. Pendant plus d'un an, ils détournèrent une bonne partie des entrées de la caisse étatique. Cela lui permettait de mener cette vie de petit pacha intouchable et arrogant.

Cela faisait maintenant quatre mois que Freddy et Fidélia vivaient en couple. La jeune dame commençait à faire le deuil et oubliait sa vie universitaire pour une ou deux années lorsque son téléphone sonna ce jour-là aux environs de 10 h :

— Allô bébé !

— Allô chérie, je t'appelle du commissariat de police.

— As-tu un problème ?

— Je n'ai qu'une seule minute pour communiquer. J'ai été arrêté et je suis au commissariat du 15e arrondissement. Viens me retrouver s'il te plaît.

— D'accord, j'arrive ! put-elle répondre toute affolée.

Prise de panique, elle tremblait de tous ses membres et des interrogations commencèrent à inonder son esprit. Qu'a-t-il fait ? Au fait, qui est-il réellement ? À bien y réfléchir, je ne le connais vraiment pas. N'est-il pas un brouteur ou un redoutable gangster, un loup dans la peau de l'agneau ? Oh, ma vie est gâchée, je suis finie mon Dieu !

Elle s'empressa au commissariat pour assister à l'audition de Freddy. C'est ce jour-là qu'elle sut que son richard de mec n'était qu'un simple coursier, détourneur de deniers publics. Trois de ses acolytes et lui furent mis aux arrêts après deux mois d'investigation.

Le responsable des services financiers de l'institution qui avait commandité un audit des services découvrit une importante fuite. Une importante enquête fut confiée à la police nationale qui ne tarda pas à mettre la main sur l'indélicat individu qui, sans résistance, se mit à table en désignant ses compères.

Trois jours après leur arrestation, ils furent condamnés chacun à cinq années de prison ferme assortie d'une colossale amende à payer.

Fidélia se retrouva seule face à ses choix et leurs conséquences. Elle abandonna la maison de Freddy où tous les biens furent saisis pour se réfugier à nouveau dans les bras de sa pauvre mère dont les conseils n'étaient point les bienvenus, avec une grossesse.

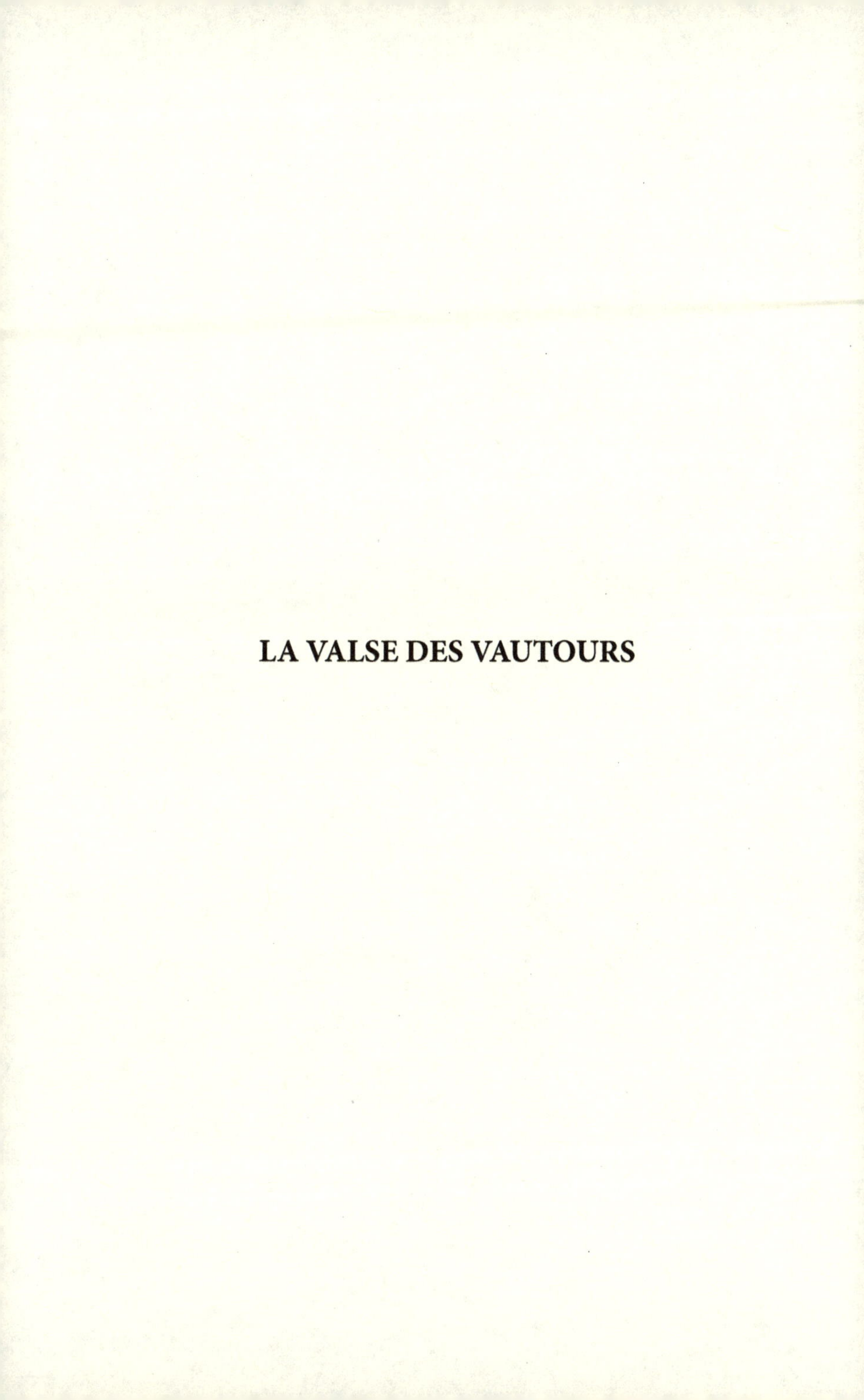

LA VALSE DES VAUTOURS

En pleurs, l'arrivée à son domicile ne présageait aucunement de bonnes nouvelles. Une panique s'empara de la maisonnée. Des regards hagards et interrogateurs la dévoraient avec crainte. La présence des deux officiers de la sécurité, l'air menaçant, n'était point source de soulagement, à juste titre, voire la manière dont ils la traitaient. La confusion était à son comble. Personne n'avait le courage de questionner celle qui, dans un passé très récent, était une insolente dame de fer. Elle eut juste le temps de marmonner aux oreilles de sa fille hébétée : « Appelle ton père et demande-lui de rentrer urgemment au pays. J'accompagne ces messieurs pour une mission qui me prendra beaucoup de temps. Je ne rentrerai pas de sitôt ». Dame Gaman franchit quelques instants plus tard les portes des geôles du royaume.

À pas élégant et cérémonial, il est le premier à être accueilli sur le perron de la résidence du faiseur de roi, lui-même inamovible octogénaire roi suprême du Vaou, Mizan Golizra. Sa renommée abattait tous les murs frontières des États du monde entier. Il aurait, au temps jadis, toute l'autorité, le pouvoir de vie et de mort sur toute âme vivant sur son territoire, étant de la longue lignée de braves guerriers qui conquirent les terres du Balodji et celles du Vaou, un territoire dont la taille valait deux fois la superficie de la Côte d'or.

La puissance coloniale eut raison de ces féroces combattants au bout d'une décennie de sanglantes et farouches batailles. De nombreuses pertes en vies humaines de part et d'autre conduisirent les belligérants à signer une trêve pour laisser la chance à la diplomatie, la guerre étant fille de discordes et de stériles avantages. Le dialogue fit autorité et arracha un pacte taillé sur mesure au bénéfice du colonisateur puissamment armé. Aucun projet n'avait cependant lieu sur les terres de cette contrée sans l'aval des Mizan. Ainsi, la lignée put résister aux affres d'une hypothétique guerre perdue d'avance et survivre à la ruse des colons.

Digne héritier de vaillants et implacables guerriers, Golizra était craint de tous. Il était puissant et jamais auparavant aucun humain ne lui posa victorieusement la main dessus. Jamais homme ne put lui tenir tête dans un combat. Il possédait tous les dons mystiques de ses aïeuls transmis au fil des générations. Il fut pendant la grande guerre l'un des meilleurs tirailleurs africains aux côtés des colonisateurs aux abois. Il leur ouvrait le passage entre les lignes ennemies comme un couteau dans le gruyère. Il disparaissait d'un point A et aussitôt, il vous appelait d'une position très éloignée en plein cœur du camp ennemi avec un travail déjà bien fait. Il était invincible avec une armure charnelle à l'épreuve des balles et des éclats d'obus, un véritable seigneur de la guerre.

Après cette grande guerre, il fut honoré par la métropole avec la plus haute distinction militaire qu'un indigène pouvait espérer et il retourna sur la terre de ses ancêtres où sa renommée d'invincible guerrier noir l'avait précédé, pour recevoir l'onction de son paternel agonisant.

Devenu roi du Vaou, il dirigeait son peuple d'une main de fer dans un gant de velours. Il savait frapper quand cela s'imposait et récompenser quand il le fallait. Il composait en grande intelligence avec les colons et apprenait énormément d'eux, lui l'ancien combattant ayant vécu les périodes troubles de l'histoire de l'humanité à la métropole. Il appréciait leur méthode de gouvernance. Ce qui permit à l'homme blanc d'avoir une meilleure assise et de dérouler son plan dans le royaume jusqu'à l'indépendance.

Mizan Golizra avait une grande vision et de nombreuses ambitions pour son État royaume. Pour mieux apporter le développement à l'européenne, il décida de subdiviser son royaume, avec l'accord du protecteur des nouveaux temps, en plusieurs régions administrativement et économiquement autonomes dont le Gotron, le Natis et le Sétis. Dans un premier temps, il nomma les différents gouverneurs de ces nouvelles entités du royaume et leur donna les grandes orientations. Ces gouverneurs, jeunes pour la plupart issus des grandes écoles coloniales et qui étaient bassinés d'idées marxistes, avaient tout à prouver à Golizra et à leur communauté et non aux machiavéliques et capitalistes au col blanc. Sous leur houlette, les régions connurent une amorce de développement qui augurait de beaux jours pour le peuple.

Au fil des années, Mizan Golizra fit du poste de gouverneur de région un poste électif pour donner le pouvoir au peuple. La communauté était désormais libre de choisir son premier magistrat, le profil idéal capable de leur apporter le développement, l'autosuffisance et la prospérité. Celui qui avait de facto les faveurs du roi était assuré d'être gouverneur.

La cohue habituelle de la résidence privée de Mizan Golizra qui ne rechignait guère à recevoir d'innombrables visiteurs avait un cachet particulier en ce jour du 25 février 1984, avec le vrombissement incessant des gros moteurs des dernières berlines de luxe allemandes et des grosses cylindrées américaines à coût exorbitant.

Ce cadre de la région du Natis, pieuvre tentaculaire multifonction, versait dans l'art d'appâter d'un appendice puis d'achever ses proies d'une autre dans une douce mélodie d'impétuosité rehaussée d'un ton narcissique. Monsieur Klan, il s'appelait. Ce saurien arboricole, qui flambait de mille couleurs à ne rien faire pour les siens, brillait par sa prestance orgueilleuse sue de tous. Cet éloquent homme d'affaires n'impressionnait guère le vieux roi qui en savait déjà trop sur son compte. Il fut reçu avec tous les honneurs et le respect qu'exigeait la fonction royale de l'hôte :

— Honneur à vous Majesté !

— Soyez le bienvenu, monsieur Klan !

— C'est un véritable honneur pour moi, Votre Majesté, d'être reçu par vous avec tant d'égard !

— C'est notre devoir de traiter nos concitoyens et administrés avec respect et être avec eux.

— Très belle leçon que nous mettrons à profit dans le futur.

— Mon porte-canne étant en mission et vu la délicatesse de la période politique, je me ferai fort de me passer de son service aujourd'hui. Que nous vaut l'honneur de votre visite ?

— Votre majesté, c'est avec plaisir que je me présente devant vous ce jour pour vous faire part de mon projet. J'ai parcouru le monde et aujourd'hui je suis un prospère homme d'affaires. Je voudrais me mettre à la disposition des miens dans le Natis.

— Nous ne pouvons que louer la grandeur de ce geste fort et cette belle volonté d'œuvrer pour nos populations. À ma connaissance, depuis plus d'une décennie, ton entreprise compte parmi les multinationales de la sous-région, n'est-ce pas ?

— Oui, Votre Majesté, et c'est un honneur pour notre royaume.

— En effet, c'est une chance que nous avons d'avoir un digne fils comme vous. Vous disiez vouloir vous mettre à la disposition des vôtres. Que dois-je comprendre par vos propos ?

— Votre Majesté, je voudrais en toute humilité obtenir votre caution pour les élections au poste de gouverneur de ma région natale, le Natis.

— Sage est votre démarche et nous en prenons acte. D'entrée de jeu, je m'entretiendrai avec mes conseillers avant de vous donner une réponse.

— Je vous remercie infiniment, Votre Majesté.

— Dites-moi, combien de jeunes hommes du royaume avez-vous embauchés dans votre entreprise ?

— Eeeeeh… En toute franchise, Votre Majesté, je n'ai pas le chiffre exact en tête. Mais je pense bien qu'il y en a, dit-il légèrement déconcerté par la question.

— Votre entreprise a une branche qui intervient dans la construction de forage, est-ce exact ?

— Oui, Votre Majesté, nous forons des puits partout à travers les pays de l'Afrique et nous y représentons dignement le royaume Vaou.

— Ravi de l'entendre ! Saviez-vous que dans le gouvernorat du Natis, sur 17 départements, seulement 7 disposent d'un château d'eau ? Et parmi les 10 restants, votre département en fait partie. Qu'en dites-vous ?

— Votre Majesté, je l'ignorais. J'ai passé beaucoup de temps hors du royaume afin de développer l'entreprise. Et je vous assure qu'avec cette ambition, je me mets au fait de tous les problèmes de nos populations. Aussi suis-je en ce moment même en train de bâtir une résidence privée à la capitale régionale afin d'être au contact des populations.

— Merci pour l'initiative. Je vous tiendrai informé de ma décision dans trois jours.

— Merci, Votre Majesté.

Le supplice venait enfin de prendre fin. Klan, l'arriviste, se sentit tout petit après son entretien avec le roi Mizan Golizra. La rigueur de cet interrogatoire ne présageait aucune suite favorable à ce cadre qui ignorait tous les problèmes et besoins de sa population. Lui, qui était multimillionnaire, avait désormais juste besoin de reconnaissance et de pouvoir. Mais, c'était sans compter sur la perspicacité du faiseur de roi, protecteur du peuple Vaou.

Arriva ensuite un jeune homme du nom de Wanwan qui passa presque inaperçu. Il était arrivé à bord de son véhicule de deux roues, une grosse moto à vitesse. Cependant, il était vêtu de sa plus belle tenue traditionnelle « kamandjè ». Il s'inclina révérencieusement aux pieds de Mizan. C'était un jeune ingénieur agronome de la région du Gotron :

— Votre Majesté, c'est avec un grand plaisir et une joie immense que je me tiens devant vous ce matin, dit le jeune homme tout ému.

— Je suis heureux de te voir enfin et de mettre un visage sur le nom Wanwan qui ne m'est point étranger. Tu pourrais avoir l'âge d'un de mes fils, permets-moi donc de t'appeler ainsi.

— C'est un honneur pour moi d'avoir un père comme vous, grand roi !

— Ton nom t'a longtemps précédé dans ma cour, fils. Et vu le contexte actuel, je me doute déjà de la raison de ta présence. Mais comme le veut le principe de la bienséance et du protocole, que me vaut l'honneur de cette visite pleine de jeunesse ?

— Votre Majesté, cette visite est pour moi un moment tant redouté.

— Pourquoi donc ?

— En effet, je suis fils de la région du Gotron, plus précisément de Gozy. Après avoir reçu plusieurs délégations de ma ville natale et des villes environnantes, venues me demander d'être leur représentant auprès de vous, d'être leur porte-voix, et par ricochet le premier responsable de notre gouvernorat, chose que j'ai évidemment refusée à plusieurs reprises, je me demandai maintes fois pourquoi moi comme choix.

— Je crois avoir la réponse fils. Cependant, dis-moi à quoi as-tu conclu comme réponse à ta préoccupation ?

— Votre Majesté, je n'eus aucune réponse de moi-même. Celles que les délégations me donnèrent étaient loin de m'encourager et de me convaincre.

— Et pourtant, leurs réponses sont parfaitement exactes. Qu'est-ce qui t'a alors motivé à être en ma présence aujourd'hui fils ?

— Votre Majesté, ma première motivation était que j'avais enfin l'occasion de vous voir en chair et en os, car vous êtes une célébrité, mon roi. La seconde est le désespoir que je lisais sur tous ces visages qui m'ont approché avec le cœur plein d'espérance pour ce projet face à mon refus d'être leur choix. Et enfin, j'aime rendre service aux miens, à ma communauté et à mes semblables. Être gouverneur me donnerait la légitimité et plus d'opportunités afin d'améliorer les conditions de vie de nos populations.

— Ma dernière question fils, as-tu l'expérience de la gestion de gros budget ?

— Votre Majesté, aucunement, j'ai toujours travaillé avec de maigres, mais combien de fois utiles, moyens que nous collectons en communauté pour les œuvres d'intérêt public. Cependant, il y a des personnes hautement compétentes et intègres dans la région pour tenir la gestion des finances de ce type.

— Tu es sage fils. Va en paix et n'aie aucune crainte pour la suite.

Ce jeune ingénieur, après son diplôme, abandonna tout ce qui s'offrait à lui comme opportunité pour retourner à la terre et se mettre à la disposition de sa communauté, car il y avait tant à faire, presque tout à faire. Les ressources abondaient et étaient sous-exploitées.

Au bout de cinq années, sa ville natale devint la sève nourricière de tout le Gotron en matière de céréales et de bananes plantains. En plus, son appui à l'élevage traditionnel portait des fruits et Gozy devint par la même occasion autosuffisante en protéine animale. Ouvert et généreux, il offrait son expertise sans contrepartie dans les autres villes du gouvernorat du Gotron.

Le grand roi Mizan Golizra était au fait de toutes les prouesses de ce jeune homme visionnaire et droit. Il décida alors de lui accorder sa caution. Il avait l'étoffe d'un grand dirigeant.

La dernière audience de la journée fut accordée à l'une des femmes les plus en vue dans le Sétis. Femme dynamique, commerçante et responsable d'une coopérative féminine, Gaman avait un niveau de scolarité primaire. Elle n'avait jamais pu dépasser la dernière année du cycle primaire. Cependant, elle maniait bien la langue de Molière. Elle au moins avait eu un bon niveau parmi ses sœurs qui, pour la plupart, demeuraient dans l'ombre. Très rarement scolarisées, elles s'étaient résignées à cette vie cousue sur mesure par la tradition encore rigide.

Au fil des années, elle obtint une assise financière acceptable avec les économies de son petit commerce de plus en plus florissant. Elle devint la porte-parole des femmes pour avoir effleuré pendant au moins six ans les bancs de l'école et pour son autonomie financière.

Mizan Golizra, dans son souci de contribuer à l'émancipation et à l'autonomisation des femmes, institue une caisse avec un budget conséquent en leur faveur. Ne pouvaient bénéficier des fonds que des femmes organisées en coopératives légalement constituées. Belle aubaine pour toutes celles qui flairaient déjà l'opportunité de s'enrichir. Gaman regroupa les femmes de sa ville, la plus grande du Sétis, pour créer la plus importante coopérative de vivriers de la région qui devint incontournable dans la réussite de cette politique sociale.

En seulement deux années, elle se retrouva à la tête d'une véritable fortune et de plusieurs réalisations. Les analphabètes de sa gigantesque arnaque, véritable machine à sous, demeuraient dans leur statut d'éternels assistés. La noble politique sociale de Mizan Golizra ne profitait qu'à une petite catégorie d'égoïstes et de sorciers maintenant ; ainsi le peuple se trouvait dans la misère et le dénuement. Ils se délectaient de la misère sociale des leurs pour la plupart sans en rendre compte face au peuple.

La poche de Gaman se confondait au compte de la coopérative devenue son entreprise privée. Elle s'arrogeait le plein droit d'effectuer toutes les opérations bancaires, porte ouverte au détournement d'au moins cinquante pour cent de toutes les entrées financières de la structure pour son propre compte au point qu'elle devint l'une des femmes les plus puissantes de sa région. Elle avait désormais un pouvoir financier substantiel et il ne lui restait que l'ivresse de la jouissance politique.

Elle fit son entrée dans la luxueuse et imposante salle d'audience où était installé le grand roi qui, pour l'occasion, avait pris le soin de convoquer le responsable de la sécurité du palais. Celui-ci était convié à assister à cette rencontre avec dame Gaman. Elle s'agenouilla aux pieds du roi et le salua révérencieusement. De la main droite, sans dire mot, le roi lui indiqua un siège où elle s'installa, pas trop à son aise :

— Bonjour dame Gaman !

— Votre Majesté !

— J'ai entendu dire que vous désirez briguer le poste de gouverneur du Sétis. Est-ce vrai ?

— Votre Majesté, votre sagacité et votre perspicacité n'ont point d'égal à travers le temps. C'est la raison de ma visite chez vous ce matin.

— Heureux de voir de mon vivant l'intérêt des femmes pour la politique et j'en suis ravi. J'espère vivement qu'elles pourront faire mieux que les hommes. Comment se porte votre coopérative ?

— Votre Majesté, très bien grâce à votre grande générosité. Et les femmes du Sétis n'en sont qu'heureuses.

— Ah bon ! Le pensez-vous vraiment ?

— Oui votre Majesté, je vous l'assure !

— Qu'avez-vous réalisé avec les acquis de la coopérative depuis le début de vos activités ?

— Votre Majesté, nous continuons d'investir dans les plantations de nos membres afin d'en augmenter la productivité et par la même occasion augmenter leur gain.

— Savez-vous que nous surveillons discrètement les activités menées par toutes les coopératives que nous finançons ?

— Votre Majesté, nous n'en doutons guère, balbutia-t-elle un peu paniquée.

— Bien, dame Gaman, vous êtes nos mères, socle de la famille, pilier du bien-être de tous les foyers.

J'ai mis beaucoup d'espoir en vous avec la conviction que la femme demeure meilleure gestionnaire du bien public que les hommes. C'est pour cela que j'ai décidé de financer des coopératives féminines pour apprécier vos performances au-delà de l'aspect social. J'avais donc des agents très discrets sur le terrain pour enquêter sur votre gestion des ressources mises à votre disposition. Ces agents ont fait le tour de quelques membres des coopératives et de la communauté. En plus des résultats de mes enquêteurs, plusieurs plaintes de certains de vos membres me sont parvenues et j'ai diligenté des investigations pour vérifier les faits. Vu tous ces constats, je conclus que vous dame Gaman, vous êtes la bête noire de vos propres sœurs et la honte de la gent féminine. Par conséquent, vous ne serez pas candidate aux élections à venir pour le poste de gouverneur. L'officier de sécurité ici présent à mes côtés vous conduira chez vous pour que vous puissiez dire au revoir aux vôtres avant d'aller en prison.

La sentence de Mizan Golizra était irrévocable, car il était un roi intègre et juste. Il ne laissait aucunement prospérer l'impunité et le manque de respect pour la majorité silencieuse.

LA SORCIÈRE DE BLANZI

Le petit village d'environ cinq cents âmes était en pleine frénésie populaire. Des cris de remue-ménage dans un tohu-bohu total se faisaient entendre dans tous les hameaux. Toute la population s'était fixé un rendez-vous spontané sous le gros baobab au centre du village.

Le rituel de désignation du bourreau avait commencé à la surprise de tous les villageois à la demande des parents inconsolables du défunt. Cela promettait déjà un spectacle aussi désolant qu'impressionnant.

Bola Bi, le jeune lycéen qui venait à peine de décrocher son baccalauréat scientifique avec la mention « bien », était rentré pour les vacances au village pour savourer à pleines dents ces instants précieux. Beau jeune homme, propre et respectueux, il faisait palpiter tous les cœurs des jeunes donzelles du patelin et de ses environs.

De retour du champ, il passait le plus clair de son temps en compagnie de son ami d'enfance, Julien, son aîné de trois ans fraîchement admis au Centre d'Animation et de Formation Pédagogique pour suivre une formation d'enseignant.

Tous deux profitaient, dans l'insouciance totale, de l'air frais et pur de leur terre natale qu'ils humaient à pleins poumons. Ils jouissaient de tous les petits plaisirs que leur procurait leur statut.

Julien se réveilla, ce matin-là, le visage bouffi, les yeux injectés de sang. Il se plaignait de courbatures comme s'il avait fait des buttes d'igname toute la nuit. Sa nuit n'avait pas été bercée par Orphée, la déesse du sommeil. Elle ne fut point une cure de jouvence :

— Bonjour papa ! salua Julien.

— Bonjour mon fils, quelle mine effroyable as-tu ce matin ?

— Père, ma nuit n'a point été de tout repos. Dans mon rêve, j'ai été longuement poursuivi par une dame qui voulait me tuer. J'ai fait le même rêve à plusieurs reprises chaque fois que je retrouvais la douceur des bras de la déesse du sommeil.

— Mon fils, n'aie crainte. Explique-moi tout le rêve dans les moindres détails.

— Le clou du rêve est qu'à un moment donné, je me suis arrêté pour l'affronter. Elle avait une force surhumaine pour sa petite silhouette dégarnie, mais j'eus le dessus grâce à un coup de pied qu'elle reçut en plein dans la mâchoire. Elle en a même perdu une dent et s'est enfuie. Comme quoi, c'est bon de savoir se défendre.

— Sois tranquille, rien ne t'arrivera dans ce village tant que je serai en vie.

Sur ces mots réconfortants, Julien resta ce jour-là à la maison pour se remettre de sa cavale nocturne.

Il avait effectivement croisé le chemin de cette dame dont la renommée traversait tout le canton Bronon.

Bogli, c'est d'elle qu'il s'agissait. Ce même jour, elle ne sortit point de sa maison. Celle qui se portait comme un charme la veille était totalement défigurée et clouée au lit après sa petite virée nocturne mystique très mouvementée comme si un train lui était passé dessus. Elle devrait soigner ses lésions extra-dimensionnelles en toute discrétion.

Une semaine s'écoula sans aucun fait majeur jusqu'à la crise de colère que piqua le père de Julien. Le vieil homme venait de faire un rêve prémonitoire dans lequel deux jeunes hommes du village avaient été transformés en moutons et percutés mortellement par un véhicule de transport. C'en était trop pour le vieil homme qui pressentait l'étreinte des menaces sur l'existence de son fils. Il s'arma de son fusil de chasse de calibre 12 de deux canons bien chargés au petit matin et commença à sillonner le village en criant, après avoir pris le soin de tirer un coup de feu en l'air pour afficher ses intentions et être sûr d'avoir l'attention de son auditoire encore somnolent : « Je vous mets en garde dans ce village, qui que vous soyez. Si jamais l'orteil de mon fils croise le malencontreux chemin d'un caillou et se blesse ou s'il se plaint d'un tout petit mal de tête, je vous fusille un à un dans ce village. On se connaît parfaitement dans ce village et je vous mets au défi ! ». Il termina son tour du village en lâchant un second coup de feu pour conforter ses dires et dissuader les sorciers qui se savaient visés.

Deux jours plus tard, Bola Bi et Julien enfourchèrent la grosse moto de ce dernier pour une petite escapade dans le village voisin distant d'à peine dix kilomètres. Dès leur sortie de Blanzi, ils furent happés par un minicar de transport en commun roulant à vive allure. Le village était situé en bordure de la voie nationale qui traversait la région. Le politique avait jugé bon de donner un coup de jeune, une cure de jouvence à cette route très dégradée et quasi-impraticable. De grands véhicules et de gros engins de terrassement vrombissaient dans un incessant ballet quotidien, une chorégraphie réglée au mètre près. C'était une route à deux voies dont une seule était ouverte à la circulation des usagers dans les deux sens et l'autre en plein chantier. Le destin choisit ce jour-là de lier le sort de ces fils de Blanzi à celui du minicar de dix-huit places que conduisait un jeune homme de dix-huit ans à peine. Ce jeune chauffeur conduisait avec un permis de conduire qui n'était pas le sien. Par quelle magie conduisait-il depuis l'âge de seize sans être inquiété ? De plus, l'insuffisance des mesures de sécurité routière mises en place par l'entreprise d'exécution des travaux contribua sans aucun doute à la survenue de ce drame au-delà des actions néfastes des mains occultes. Le minicar qui était déjà engagé sur la voie était masqué par les gros engins de terrassement. Les motards se croyaient seuls et s'engagèrent sans précaution aucune.

La collision fut brusque et brutale. La moto resta encastrée dans l'avant du véhicule. Les deux amis gisaient juste à côté de leur moto méconnaissable. L'irréparable arriva inéluctablement tel que pressenti par le père de Julien.

Julien perdit connaissance sur-le-champ avec une fracture de la jambe droite. Bola Bi, quant à lui, était méconnaissable, quasi-mort suite à un polytraumatisme qui ne lui laissait aucun espoir. Le crâne fracturé à de multiples endroits, le visage inondé de sang d'où sortaient à travers ce qui restait des orifices nasaux quelques bulles d'air se frayant un chemin dans ce lac ensanglanté, synonyme d'une vie mourante.

Bola Bi rendit sa dernière expiration à la nature avant de franchir le seuil de l'hôpital de référence où il fut évacué avec son ami par des âmes généreuses.

Julien reprit conscience vingt-quatre heures après le drame. Encore somnolant et assommé par les puissants analgésiques qui lui ont été administrés, il réclama aussitôt son ami. L'effet des narcotiques ne lui permettait certainement pas de mesurer la gravité de la situation. Personne n'eut le courage de l'informer de la situation. On lui fit juste entendre que son acolyte était hospitalisé dans une autre chambre afin de le ménager. Il ne reverrait plus jamais son compère Bola Bi.

Le père de Julien avait assurément sorti son fils des griffes acérées des mangeurs d'âmes du village. Bola Bi n'eut pas cette chance, malheureusement, laissant ainsi derrière lui une jeune compagne qui portait une grossesse de six mois.

Bogli était la plus réputée des mangeurs d'âmes, la bête noire du village. Les rumeurs allaient bon train à son sujet. Cependant, personne n'avait encore pu la confondre sur ses terres natales.

C'était une belle dame de la quarantaine révolue. Petite de forme avec un teint noir, elle avait su conserver sa beauté des vingt premières années de sa vie. Sa beauté semblait avoir été figée à cette époque et le temps n'avait aucun effet sur son charme. Par quels moyens pouvait-elle demeurer aussi belle ? Peut-être par son héritage génétique ou ses potions mystiques. Selon les informations qui circulaient dans le village, son curriculum vitae pouvait remplir sept feuilles de papier de format A3.

Dès son adolescence, son nom était déjà cité dans presque tous les faits divers relatifs à des pratiques mystiques. Quelques mois après son premier mariage à l'âge de dix-huit ans, le premier fils de son mari décédait dans des circonstances obscures. Elle fut accusée par les sages du village au vu de certaines coïncidences et de considérations assez subjectives. C'était à l'époque de la tolérance zéro prônée par les autorités coutumières vis-à-vis des pratiques rétrogrades, notamment la sorcellerie visant la destruction des espoirs du village. Elle fut aussitôt bannie et trouva refuge dans un canton voisin.

Son passage dans cette zone ne fut pas sans vagues. Durant son exil, elle se remaria à deux reprises et à chaque fois, elle fut bannie. Elle traînait dans son sillage trop de morts tel un tas d'immondices drainant des mouches. Elle était devenue malcommode. Toute relation de proximité avec cette peste noire était une liaison dangereuse et potentiellement mortelle.

Deux décennies s'étaient écoulées et elle avait été de nouveau acceptée et admise dans son village natal après plusieurs tractations avec les nouvelles autorités aux affaires. Elle avait donné sa vie à Dieu, argument de poids ayant milité en sa faveur.

Elle était de nouveau la bienvenue parmi les siens et la vie poursuivait son cours :

— Quel joli enfant ! Bonjour « Tout-petit », où se trouve ta mère ? questionna Bogli.

— Bonjour mémé Bogli, elle est allée au marché.

— Je suis venue prendre un peu de sel.

— Désolé mémé, il n'y a plus de sel. Ma mère en achètera en rentrant du marché.

— Tu veux me dire que dans cette grande maison, il n'y a plus de sel ! Je suis sûre que c'est de la méchanceté, murmura Bogli.

— C'est vrai, mémé, il n'y a vraiment plus rien, insista le petit garçon de huit ans.

— D'accord, je rentre chez moi. »

Il n'y avait rien d'anodin dans cet échange entre le petit resté à la maison et la dame ayant l'âge de sa grand-mère.

Deux jours plus tard, « Tout-petit » trépassa, victime d'une très courte et foudroyante maladie. Avant sa mort, couché sur les jambes de sa mère, il lui confia qu'il avait été étranglé dans la nuit par une dame mécontente de lui et de sa mère. C'étaient probablement des délires liés à la gravité soudaine de la maladie. L'enfant premier né de ses parents fut inhumé le plus tôt possible selon les exigences de la coutume sans aucune cérémonie.

Cependant, quelques investigations menées par la suite permirent de mettre un nom sur la probable étrangleuse. Mais aucune preuve concrète ne permettait de la confondre. La louve dans la peau de l'agneau avait élu domicile dans la bergerie sur invitation du berger.

Cette louve commença de nouveau à se servir, à sévir à volonté.

Les obsèques de Bola Bi furent organisées un mois après son décès. La mort de ce jeune homme passait difficilement auprès de la jeunesse. Des mouvements d'humeur laissaient entendre et comprendre que des représailles étaient en préparation.

Après plusieurs réunions secrètes avec les parents du défunt, ceux-ci cédèrent et permirent aux jeunes de mettre à exécution leur plan à l'insu du reste des villageois.

Ils pleurèrent leur ami et frère lors de la veillée organisée pour lui rendre un dernier hommage. Puis le lendemain matin, avant la séparation ultime, ils mirent en branle tout le village. Ils avaient fait appel à un puissant mystique et voyant d'une contrée voisine pour chapeauter la cérémonie de « portée du défunt ». Il avait pris la précaution de rassembler quelques effets très personnels du trépassé, un brin de ses cheveux et ses ongles. Il prépara tout l'ensemble et l'attacha sur un brancard fabriqué à cet effet. Deux jeunes hommes physiquement aptes et suffisamment robustes chargèrent sur leur tête le petit brancard. C'était presque absurde de regarder ce spectacle. Pourquoi deux forces de la nature pour porter ce si petit brancard ?

Le mystique s'adressa à l'étrange attelage : « Enfant, si tu es mort des mains d'un individu, si quelqu'un a contribué à ta mort, montre-le-nous avant de t'en aller définitivement. ».

Après ces mots, il frappa à trois reprises le brancard chargé par les deux jeunes hommes avec des rameaux et c'était parti pour le spectacle.

Saisis d'une violente transe, les robustes jeunes hommes étaient ballottés de toutes parts dans des mouvements saccadés, des va-et-vient incessants, des arrêts ponctués de moments de négociations avec l'esprit du défunt qui possédait ce véhicule humain. Le cortège insolite évoluait dans une pagaille indescriptible.

Soudainement, ils vinrent s'immobiliser sous un manguier jouxtant la douche de la concession familiale des Bola. L'homme mystique engagea la conversation : « Tu es venu nous montrer un arbre. Nous l'avons vu. Si c'est ici que tu as trouvé la mort, incline-toi. » L'étrange attelage s'inclina avec fougue si bien qu'il s'en fallait de peu qu'il tordît le cou aux porteurs.

« Nous avons compris. C'est ici qu'on a mis fin à tes jours. Maintenant, montre-nous ceux qui t'ont fait ça. » Reprit l'homme qui dirigeait l'étrange convoi. Les porteurs déboulèrent aussitôt à une vitesse vertigineuse devant la case de Bogli. Le brancard cogna avec vigueur la porte d'entrée de la maison à plusieurs reprises puis s'immobilisa. « Si c'est la maison de la personne qui t'a tué ou de l'une des personnes qui t'a tué, cogne la porte à trois reprises. » lui intima l'homme. Le troisième coup porté à la porte finit par la fracasser. Ils entrèrent et percutèrent Bogli qui se terrait dans la pénombre de sa demeure. Elle fut projetée tel un vulgaire pantin de bois contre les murs de sa case à plusieurs reprises avec une violence inouïe. Les propos du chef de file de l'événement apaisèrent temporairement l'attelage et la sorcière fut extirpée par les autres jeunes. « Si c'est elle seule qui t'a tué, mon enfant, nous l'avons vu et attrapé. Nous pouvons aller au cimetière. Mais, s'il y a encore d'autres personnes en cause, montre-les-nous », ajouta-il.

La traque aux sorciers dura trois bonnes heures.

Bogli et deux de ses suppôts – deux vieux – furent désignés par le défunt et conduits avec violence devant le chef du village sous l'arbre à palabres. L'étrange attelage se dirigea vers la forêt, s'immobilisa près d'une plante qui devait servir à traiter les blessures et les douleurs des porteurs avant de se rendre au cimetière.

Les jeunes exigèrent qu'elle et ses compagnons passassent par l'épreuve du « Zri ». Seul et ultime moyen de défense pour elle et les siens, ils devraient boire un breuvage à base d'extrait de l'écorce d'un arbre très toxique. C'était une boisson à la couleur verdâtre, moisie et à l'odeur répugnante dont seuls quelques rares illuminés détiennent encore le secret. Les vieilles rumeurs traversaient le temps et maintenaient inlassablement le mythe de la composition de cette abjecte décoction. Hormis l'ingrédient de base, l'écorce du « Zri-yri », les spéculations allaient bon train sur la présence de poudre de corne de buffle, de morceaux séchés de chair de chouette ; le tout étant agrémenté de quelques brins de cheveux du défunt. La préparation de la potion durait trois jours lorsque le défunt était un homme et quatre jours lorsque c'était une femme. Cette mixture était un poison foudroyant préparé par les soins d'un expert alchimiste. Seuls les innocents parmi les accusés pouvaient espérer s'en sortir vivants après l'avoir ingéré.

L'injonction de la jeunesse n'eut point d'oreilles favorables, encore moins l'assentiment du sage chef de village qui ne voulait pas de ce potentiel carnage. Il trancha l'affaire avec habilité.

Les sorciers furent pour toujours et à jamais bannis de Blanzi avant d'être remis aux autorités judiciaires.

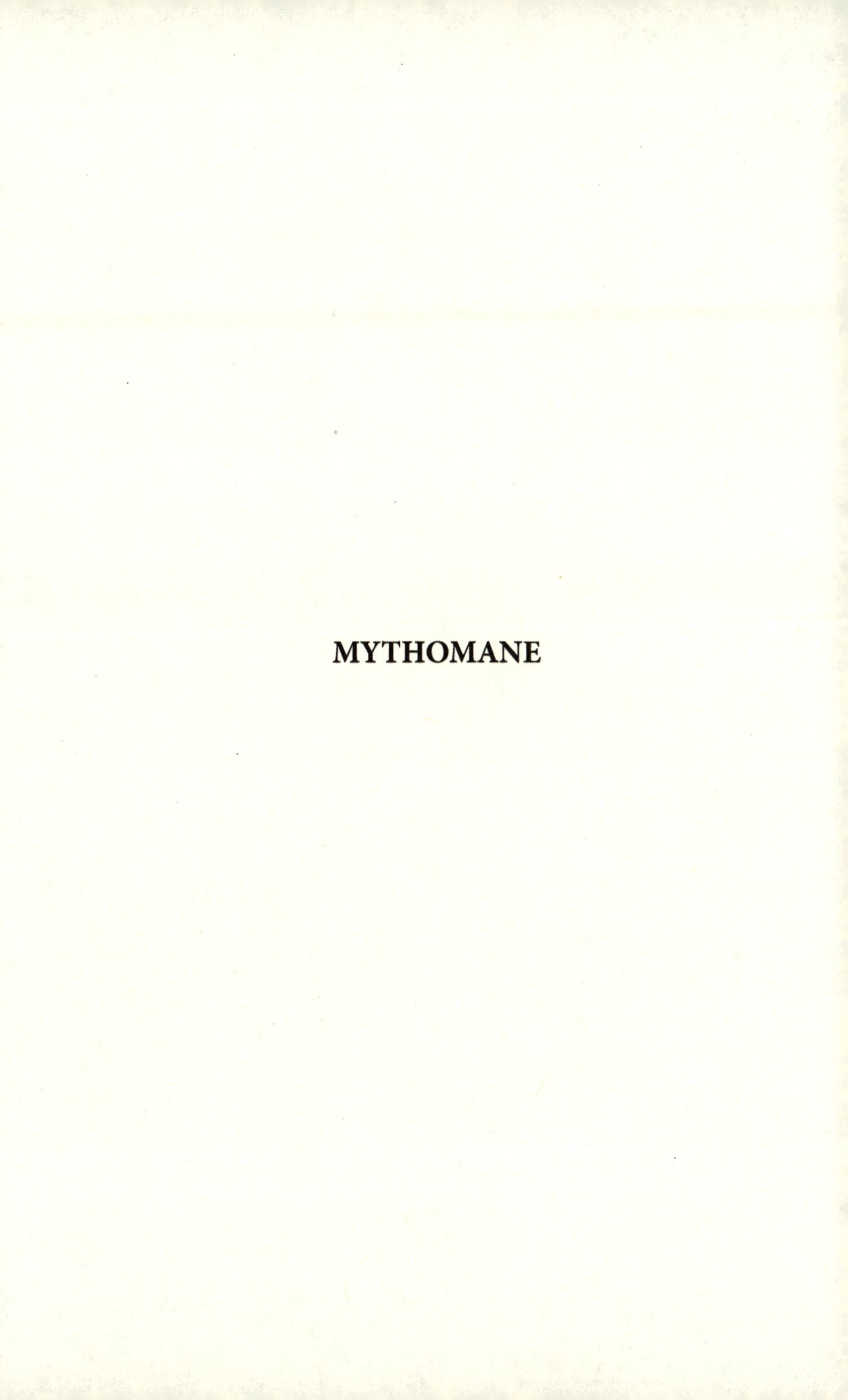

MYTHOMANE

Tac… Tac… Tac, tel était le son que les touches du clavier de l'ordinateur lâchaient indolemment sous la pression hésitante des index de monsieur Lavigne Douglas.

C'était, loin de ce que ce nom pouvait présager, un Africain noir bien trapu aux cheveux grisonnants. Il était ingénieur, paysagiste et grand entrepreneur en bâtiment qui avait construit de grands ouvrages pour les hommes politiques et les puissants hommes d'affaires de son pays. Il avait même été le maître d'ouvrage des paradisiaques espaces verts de la plupart des grands monuments de la capitale politique. Cet ancien enseignant du plus célèbre institut polytechnique avait renforcé ses capacités intellectuelles et pédagogiques au Canada, l'un des plus puissants et efficaces systèmes d'éducation au monde. Et pour abréger son curriculum vitae déjà bien chargé, il était député suppléant de sa circonscription natale et l'ami très personnel de deux ministres d'État pour lesquels il avait déjà créé des chefs-d'œuvre. C'était un génie, une valeur sûre pour la nation. L'une de ses plus grandes et indiscutables qualités était qu'il avait le contact et le verbe facile. Il était contagieux.

Son hésitation à frapper avec dextérité les touches de l'ordinateur, sublimée par sa nonchalance, finit par gêner son jeune accompagnateur qu'il appelait affectueusement son fils. Zan était un jeune et dynamique biotechnologiste qu'il connut au décours d'une consultation médicale qui nécessitait des examens biologiques coûteux. Celui-ci avait été particulièrement très gentil et accueillant dans la prise en charge de Lavigne. Depuis lors, ils s'étaient liés d'une grande amitié. Lorsque le temps le permettait, ils se retrouvaient pour papoter, prendre un pot et se balader.

Las de voir son quinquagénaire d'ami se faire humilier par cet outil des temps modernes, le jeune homme lui demanda de lui céder la place pour exécuter la tâche.

Après cet épisode, Zan commença à douter sérieusement des compétences de l'ingénieur issu du système éducatif de l'un des pays les plus avancés en technologie dans le monde. Quel était donc ce soi-disant enseignant des temps modernes qui maîtrisait à peine la base de l'informatique, une simple saisie de texte ?

Zan se méfiait désormais de l'homme et marchait avec lui précautionneusement.

Douglas n'avait jamais invité son jeune ami dans sa luxueuse villa du quartier des millionnaires. Il y possédait une grosse maison dont les seuls occupants étaient un agent de sécurité privée et un gros bolide de type 4x4. Le plus intrigant était qu'il recevait ses amis et ses visiteurs dans une petite maison malfamée, insensée, confondue à une petite boutique. Une maison qu'il rafistolait au fil du temps et qui ne lui ressemblait pas du tout, lui l'ami de toutes les autorités du pays.

Un an plus tard, Zan fut affecté dans une autre ville dans le cadre de sa fonction. Il s'en alla avec la promesse de Lavigne Douglas, ami des décideurs de le faire revenir dans les plus brefs délais. Pour ce faire, il mit en route son rouleau compresseur et mit le jeune homme en contact avec le chargé de mission d'un de ses amis ministres.

Blé était véritablement chargé de missions, l'homme à tout faire d'un influent ministre de la République. De sa position, la tentation, l'attraction de la malhonnêteté était aussi pugnace qu'une envie impérieuse de faire une miction, lui l'intermédiaire entre les demandeurs et l'autorité.

À plusieurs reprises, Zan reçut avec tous les honneurs, tous frais payés celui qui était la promesse de son retour dans la ville où il avait déjà ses habitudes. Il n'était certainement pas le seul pigeon, la seule vache à lait de Blé.

Petit à petit, le jeune homme s'habitua à son nouveau poste et ses contacts avec Lavigne se raréfièrent. Cependant, à chaque passage dans son ancienne ville, ils avaient l'occasion de se voir. Lavigne et Blé ne firent rien de ce qu'ils avaient promis au jeune homme jusqu'à ce que celui-ci soit réaffecté à son ancien poste par ses propres moyens.

Ceux qui croyaient naïvement aux promesses de Lavigne n'avaient d'yeux que pour rougir comme de la braise et l'estomac en proie à des ulcérations progressives dues à la décharge quotidienne d'acide chlorhydrique. Tous les projets qu'il pilotait étaient voués à l'échec et on ne saura jamais par quelle magie il arrivait à s'en tirer chaque fois à bon compte, probablement un élixir mystique qui lobotomisait voire lavait le cerveau des ignorants.

Le jeudi 20 décembre, Lavigne participait à un de ses nombreux séminaires monté de toutes pièces dans un soi-disant hôtel de la capitale politique loin de sa compagne Kazra ; encore un alibi pour se retrouver sous la couette d'une jeunette de dix-sept ans à peine. Cette petite et naïve étudiante avait vu en lui sa poule aux œufs d'or. Elle ignorait qu'elle n'était qu'une des victimes sur la longue liste du répertoire de malignité de ce rapace. Il lui payait le loyer et assurait sa popote au quotidien aussi bien qu'à Lorraine et Bérénice. Comment s'y prenait-il pour faire face à toutes ses charges superflues ? Il vivait de son métier. C'était un arnaqueur patenté, un véritable loup dans la peau de l'agneau.

Ce jour-là, à six heures du matin, son téléphone vibra puis quelques secondes plus tard la sonnerie dédiée à son indésirable belle-sœur qui en savait énormément sur ses supercheries envahit le petit studio de l'étudiante. C'était inhabituel pour lui de recevoir un appel téléphonique de sa belle-sœur, surtout à pareille heure. Il se précipita alors sur son appareil pour répondre :

— Allô Yvette, Bonjour !

— Allô Douglas !

— Que se passe-t-il pour que tu m'appelles de si tôt ?

— Je viens de recevoir un appel de l'hôpital général de la cité du fromager. Kazra a été victime d'un accident grave. Selon les informations reçues du médecin, son cas est très critique.

— Quoi ?... Mon Dieu ! Est-elle toujours en vie ? put-il demander à sa belle-sœur après un court instant d'absence.

— Oui, elle l'est encore. Mais elle est paralysée des quatre membres.

— Seigneur ! Je me prépare et je saute dans le premier véhicule pour vous rejoindre. »

Kazra et dix-sept de ses compagnons d'infortune avaient été catapultés dans un gros ravin jouxtant un virage très serré de cette route nationale par un chauffard de minicar. Un véhicule désuet de dix-huit places dont l'entretien était le dernier des soucis du propriétaire, du « Djoulatchè ». Les quatre roues étaient aussi lisses que la tête dégarnie d'un ancêtre Kweni. Les portières décapées et tordues croulaient sous le poids de la rouille et de séquelles des nombreux déboires, vestige de plusieurs décennies de cavale sur les routes tortueuses de toutes sortes. Le tableau de bord squelettique était dépourvu de toutes ses parures d'antan troquées contre les nombreuses marques de multiples réparations. Tous les boyaux, fils et ce qui restait de circuits côtoyaient les pieds du chauffeur et de ceux des passagers assis à ses côtés. Ce cercueil roulant candidat à la fourrière depuis belle lurette avait décidé de rendre l'âme dans un dernier combat qui fit malheureusement plusieurs victimes dont la compagne de Douglas, le vendeur d'illusions.

L'heure était venue pour le puissant homme de faire montre de sa fortune de grand entrepreneur, ami personnel de célèbres ministres d'État.

Kazra, femme battante et mine d'or de son couple, était une grande commerçante de friperie. Elle tenait son foyer et Douglas en profitait. Elle venait de faire ses achats de vêtements à hauteur de cinq cent mille francs en prélude à la forte demande en période de fêtes de fin d'année.

Le destin, résultat de l'accumulation de tonnes de négligences de la part des esclaves de l'argent et des vendeurs de mort sur les routes africaines, avait décidé d'interrompre aussi brusquement la vivacité de cette dame bouillonnante.

Elle fut évacuée à dix-sept heures le même jour vers le centre hospitalier et universitaire le plus proche situé à environ trois cents kilomètres au sud et offrant les soins ultra spécialisés en neurochirurgie.

Dix jours avant cet accident tragique, Kazra et ses sœurs venaient de mettre en terre un de leurs frères. Ces funérailles furent très mouvementées.

Leur demi-frère fonctionnaire et un des rares de la famille avait rendu l'âme quelques mois plutôt en pleine nuit dans son sommeil à la capitale économique. Elles furent aussitôt accusées par leur belle-mère, Kouglizia, seule femme survivante de leur défunt père. La bonne vieille dame ne comprenait pas les raisons de la mort de son fils unique. Le bouc émissaire parfait ne pouvait être que Kazra et ses sœurs qui prospéraient dans leurs affaires et suscitaient par la même occasion la jalousie des autres. Cette situation leur valut des menaces publiques d'atteinte à leur intégrité physique lors des cérémonies.

Kazra qui n'avait pas la langue de bois, défenseuse téméraire de ses sœurs beaucoup plus réservées, ne manqua pas de rappeler à Kouglizia, la bête noire de la famille, sa mauvaise presse dans le village. Certainement que la vieille y était pour quelque chose dans le décès de son propre fils en cette fin d'année.

Les menaces d'atteinte à l'intégrité physique et les accusations étaient suffisamment graves. Le chef du village fut saisi de l'affaire qu'il essaya tant bien que mal de régler. Était-ce une coïncidence entre les menaces et cet accident ? Dieu en détenait les réponses.

Seul le cas de Kazra fut d'une gravité extrême lors du drame. Elle fut victime d'un traumatisme cervical avec atteinte de la moelle épinière. Cependant, l'intégrité osseuse des vertèbres était préservée. Il y avait de la matière à susciter moult interrogations extra-dimensionnelles et mystiques. Son cou n'avait-il pas été tordu comme celui d'un poulet sacrificiel ou celui d'une poupée vodou ? N'avait-elle pas payé le prix fort de sa franchise à toute épreuve ? Bref, elle était désormais dans l'au-delà.

Les tractations pour l'organisation des obsèques avaient commencé et les obstacles à lever étaient nombreux.

Kazra et ses sœurs étaient désormais sous le poids d'une menace de mort dans leur propre village. L'avertissement était clair et retentissant. Il n'était donc pas question d'y retourner pour y enterrer leur sœur. Pourquoi les funérailles ne se feraient pas dans sa ville de résidence et l'enterrement le lendemain au village situé à juste sept kilomètres ? C'était une option parmi tant d'autres.

Yvette demeura aux côtés de sa jeune sœur, mais point de Douglas. Il n'était plus joignable.

Yvette était une femme capable, c'est-à-dire une femme financièrement aisée. Elle assura les soins de sa sœur à coût de centaines de milles jusqu'au décès de Kazra le lendemain, dans l'après-midi.

Un homme triste, la queue entre les jambes, arriva aux urgences du centre hospitalier et vit Yvette. Il arriva enfin après plus de vingt-quatre heures, lui qui était à deux cents kilomètres à peine de la Cité des Fromagers et à deux heures trente de route de la capitale économique. C'était un homme incapable psychologiquement et pécuniairement diminué. Il n'avait rien et n'était rien. La bête noire des naïfs était devenue la poule mouillée. Dieu lui avait assurément retiré sa miséricorde lors de cette épreuve pour lui donner une leçon de vie. La fourberie ne prospérait pas éternellement.

Kazra avait rendu l'âme après avoir sombré dans le coma. Elle quitta à jamais la terre des vivants laissant derrière elle des parents inconsolables et deux enfants. Douglas était quant à lui un homme brisé. Que faire ? Il était pris de crises de panique à répétition. Il pouvait cependant compter sur les siens pour éviter de faire pâle et misérable figure lors des obsèques de celle qui aura partagé neuf ans de vie commune avec lui.

« Wep, quel way ? » C'était une ignominie d'écorcher et de faire saigner l'exquise langue de Molière qui, au-delà du simple moyen de communication, est un joyau culturel méritant une place de choix au panthéon de la culture mondiale. Kazra avait une sainte horreur de toutes ces expressions raccourcies tendant à dénaturer et à dégrader cette belle langue française. Elle s'offusqua d'entendre son élégant voisin de car, la quarantaine révolue s'exprimer en nouchi, langage argotique ivoirien :

— Vous êtes trop élégant pour vous exprimer de la sorte Monsieur. Cela ne vous ressemble pas du tout, lui lança-t-elle.

— Désolé d'avoir heurté votre sensibilité linguistique. Je causais juste avec un ami de longue date. Sinon, je suis enseignant et entrepreneur. J'adapte mon langage à chaque situation, répondit Douglas.

— J'en suis ravie.

Depuis cette rencontre insolite, Douglas n'avait cessé de penser à cette délicieuse dame et avait maintenu le contact avec elle. Ils échangeaient tous les jours. De fil en aiguille, les sentiments naquirent. Ils étaient tous les deux célibataires. L'homme ne manquait jamais d'apprécier l'objet de sa convoitise. Un jour, pendant leur causerie, ils passèrent en revue leur rencontre et leurs différents sentiments. Kazra ne vivait plus avec le père de ses enfants. Douglas, lui, était rentré au pays pour le travail et était aussi père de deux adolescents. Chacun connaissait la situation matrimoniale de l'autre et ils gardèrent d'excellents liens au point de décider de vivre ensemble. Cette belle aventure, débutée depuis presque une décennie venait de prendre fin avec l'intervention du trépas.

De doute en incertitude, personne ne savait ni le jour ni la date précise des obsèques de cette première née, pleine de vie, qui vient de s'éteindre. Selon la tradition, elle aurait dû être inhumée les jours suivant son trépas sans aucune autre forme de cérémonie. Elle était le premier enfant de sa mère à décéder. La coutume interdisait donc des funérailles grandioses. On devait juste l'inhumer et c'était tout.

Les sœurs de Kazra qui avaient déjà confié la dépouille de leur défunte sœur à son conjoint de fait ne savaient plus à quelle date s'en remettre lorsque leurs proches le leur demandaient pour mieux se préparer afin de les soutenir dans ce douloureux moment.

Aucune trace de ce beau-frère fanfaron, l'ex-conjoint de leur sœur. Et pour ne pas arranger les choses, les murmures laissaient entendre, à travers le petit canton, que Douglas prévoyait d'organiser les obsèques de sa compagne lorsqu'il entrerait en possession de l'indemnisation de la victime à la suite de la plainte qu'il comptait déposer contre les propriétaires du véhicule de transport en cause dans l'accident. C'était peine perdue, vu la durée de la procédure. Les funérailles de cette mère de deux enfants, arrachée brusquement à l'amour des siens, n'étaient pas pour demain et elle ne retrouverait donc pas la paix définitive de sitôt.

Une délégation des parents de Kazra fut dépêchée dans le village de Douglas pour prendre des nouvelles sur l'avancée des préparatifs des obsèques. Elle fut reçue par le chef de village :

— Nous vous souhaitons la bienvenue chez nous, chers étrangers, salua le chef de village.

— Merci chef pour votre hospitalité. Je suis Ziki, frère de notre défunte Kazra et chef de notre délégation, répondit un des demi-frères de la trépassée.

— Encore bienvenue à vous et que nous vaut l'honneur de cette visite ?

— La tradition voudrait qu'on dise qu'il n'y a rien de grave, chef. Notre présence chez vous, ce matin, est empreinte d'humilité et de respect à votre égard. Votre village et le nôtre avaient un bien commun, un lien commun à travers nos enfants Douglas et notre regrettée Kazra, notre sœur et fille. Dieu, dans sa miséricorde, a décidé de rappeler à lui l'un de ces liens, à savoir notre sœur. C'est la raison pour laquelle nos familles ont fait connaissance aujourd'hui et que nous venons vers vous pour que nous pleurions ensemble notre disparue.

— Ayooo... Ayoka! En ces moments chargés d'émotions, il m'est difficile de vous dire encore une fois de plus que vous êtes les bienvenus sur la terre de nos ancêtres. Cependant, il nous faudra bien sauter à pieds joints dans le plat. En effet, depuis plus d'un mois maintenant, nous avons appris la malheureuse nouvelle de la disparition de votre fille. Il m'a été aussi rapporté par la famille de Douglas que la dépouille de sa compagne que nous ne connaissions pas officiellement lui aurait été remise pour l'organisation des obsèques. Chez nous, la franchise est une de nos qualités et nous n'avons pas du tout la langue de bois. Douglas, qui est d'ailleurs absent du village depuis quelques jours, n'a rien et n'est absolument rien dans ce village. Il est à la charge de ses sœurs ici. Il ne nous a jamais présenté quelqu'un dans ce village comme sa concubine puisqu'il vivait en aventurier en ville. Vous comprenez aisément que nous tombions de haut lorsqu'on vient nous dire d'organiser les obsèques de quelqu'un dont nous ignorons l'existence. Cela nous pose un véritable souci, d'où notre mutisme.

— Merci chef, il est dit chez nous qu'une eau qui est versée ne peut plus être ramassée. Pour dire que la situation est déjà délicate et c'est à nous d'atténuer les effets des désagréments que cela aura causés afin d'éviter le pourrissement de la situation. Nos enfants ont fauté. Ils ont vécu ensemble leur amour sans s'engager officiellement auprès de nous, leur famille. Ils ont très mal fait. Douglas, peut-être qu'aujourd'hui, n'a pas d'argent, mais il demeure l'homme. Et un homme ne fuit pas ses responsabilités. Avec tout le respect que je vous dois chef, vous ne me direz pas le contraire.

— À vous entendre, je me dis que vous ne voulez pas faire les obsèques de votre sœur, en décidant de venir la jeter loin de la terre de ses ancêtres, dans un village qui ne la connaît pas. Est-ce parce que vous n'avez pas de terre chez vous pour le faire ?

— Loin de là chef, juste que Douglas prenne tout simplement ses responsabilités après plus de cinq ans de vie commune avec notre fille.

— J'ai compris, chers visiteurs et je vous donne raison. Nous ferons le nécessaire pour organiser les funérailles de Kazra, ici dans mon village dans deux semaines, conclut le chef.

Sur ces mots, la délégation se retira avec l'assurance d'en finir une fois pour toutes avec ces obsèques épineuses dans les semaines à venir.

Les parents de Kazra descendirent en masse de deux minicars de dix-huit places chacun dans la soirée. Le village semblait vaquer tranquillement à ses occupations. Rien n'augurait l'imminence d'une veillée ni d'une affliction annonciatrice de deuil et de funérailles imminentes. Il n'y avait aucun comité d'organisation, aucune personne ressource n'était non plus en vue pour savoir ce qu'il en était. Ils étaient livrés à eux-mêmes cette première nuit en l'absence du chef du village qui était en déplacement dans une autre contrée pour une urgence. Les interlocuteurs donnaient l'impression d'avoir pris la poudre d'escampette.

Tous les arrivants étaient livrés à eux-mêmes à la place publique du village. Chacun se débrouillait comme il le pouvait pour satisfaire les caprices de l'estomac. Le ciel dans toute sa clémence leur épargna son courroux en cette saison pluvieuse et ils purent passer la nuit à la belle étoile, au son de petits instruments musicaux taillés dans du bois que faisaient parler les vieilles dames, avec des chants mélancoliques jusqu'au lever du jour. C'était le jour de la levée de corps.

Le groupe installa un petit campement sommaire en attendant l'arrivée des véritables interlocuteurs, notamment le chef du village qui s'empressa de rentrer de son voyage et Douglas qui était en ville pour les dernières démarches.

Pour leur démontrer qu'ils étaient le dernier de leurs soucis pendant les obsèques de Kazra, son compagnon et ses parents cuisinèrent un seul sac de riz et une marmite de soupe, puis vinrent déposer ce repas aux pieds des sœurs de la défunte et toute leur suite. C'était l'unique repas offert à leurs indésirables visiteurs, et cela, jusqu'à leur départ, le lendemain de l'inhumation.

La priorité pour Douglas Lavigne et les siens était d'inhumer celle qui avait partagé sa vie sans autre forme de procès. Ils réussirent leur pari et elle rejoignit sa dernière demeure, loin de ses terres natales en territoire étranger, dans une ambiance de conflit et d'animosité.

Encore une fois, le mythomane aura été sauvé par sa famille et son village.

LE JOUEUR DE PÉTANQUE

Salif, viens prendre de l'argent pour acheter de la boisson fraîche pour tout le monde afin de fêter ça.

— Oui, mon vieux, j'arrive, répondit Salif.

— Ce sont tous mes petits ici, mes puînés. En plus, je ne suis pas au sommet de ma forme athlétique aujourd'hui et je t'ai battu.

— Oh ! arrête ça Pascal. Tu as juste eu beaucoup de chance aujourd'hui, sinon tu me connais bien. Tu sais combien je suis efficace, rétorqua Abou, le vaincu.

— Mon cher, nous, on ne parle plus trop. On agit sur le terrain. Tu peux toujours prendre ta revanche demain.

— J'y compte bien, mon ami. J'y compte bien ! »

Le visage gai, rayonnant avec un large sourire, les dents blanches en évidence et les yeux étincelant de bonheur, Pascal faisait des va-et-vient sur le terrain de pétanque un peu accidenté sur lequel il venait de dompter un redoutable joueur. Les épaules relevées, les bras dégagés du corps, il marchait d'un pas fier tel un coq, maître de la basse-cour. C'était son jour de gloire, car il venait de vaincre à plate couture le tout-puissant Abou.

Ce géant de la pétanque avait rarement connu la douleur de la défaite depuis qu'il pratique ce sport en tant que professionnel. Mais celle-ci était encore plus et certainement l'une des plus humiliantes. Pascal l'avait battu.

Pascal était un très riche homme d'affaires de la Cité des Lacs. Venu de son pays natal trois décennies plus tôt, il déposa sa valise dans cette cité-lumière, ville de rêve et ne s'en alla plus jamais.

De petits boulots en petits boulots, il arrivait à faire face à ses menus besoins et surtout à payer son loyer, environ sept mille francs par mois. Il louait une modeste petite maison de deux pièces au confort approximatif dans le quartier populaire et populeux de la ville, Dioulabougou. Il enchaînait, tel un forçat, plusieurs activités jusqu'à ce jour où il fit son entrée dans une scierie. Cette entreprise était gérée par une riche famille libanaise.

Il excella dans le travail qui lui avait été confié et s'attira toute la sympathie de ses employeurs. Ceux-ci, ayant sa confiance, commencèrent à lui attribuer des tâches qui nécessitaient la manipulation de devises. Le nouveau chargé de commande et de la gestion des urgences de la scierie encore une fois releva le défi pour devenir le gérant, une quinzaine d'années plus tard, de la succursale de la scierie Zaher de la capitale politique.

Pascal était désormais puissant et avait su investir ses finances dans de juteux domaines. Il était plein aux as. Il détenait une fortune colossale, une résidence de luxe à Abidjan et une demeure familiale à Yamoussoukro construite en huit mois à peine. Il possédait une vingtaine de véhicules en tout genre pour la location à travers le pays et des propriétés foncières un peu partout. L'expatrié avait réussi son pari. Lui, qui avait abandonné les études aux portes de l'université pour prendre la route de l'aventure, avait pu s'en sortir de la meilleure des façons.

Un seul sport occupait ses temps libres après le travail et l'église, la pétanque. Il était un fanatique de ce loisir dont les origines remontent à l'Antiquité. Un jeu de boules qui oppose deux équipes composées d'un à quatre joueurs disposant chacune du même nombre de boules. Chaque joueur se tient dans un petit cercle, les pieds joints pour lancer une boule vers une cible, un but nommé le cochonnet, l'objectif étant d'être le plus proche possible de cette toute petite boule. La manche s'achève lorsque tous les joueurs ont lancé leurs boules. Le gagnant de la manche est celui qui a le plus de boules proches de la cible. Pascal maîtrisait parfaitement toutes les règles du jeu.

Cependant, presque tous les membres du club auquel il appartenait le narguaient au quotidien par l'appellation « glorieux gloyeux » dont ils l'affublaient.

Il savait jouer parfaitement à ce jeu, mais n'était pas à la hauteur des autres adversaires. Il ne tombait que sur des compétiteurs plus forts que lui. Il perdait trop souvent ses matchs au point de faire appel à un psychologue pour ressusciter dans sa mémoire le souvenir d'une victoire.

Personne n'aimait s'associer à lui pour les matchs joués en double. Celui qui avait la géniale idée de le faire était assuré de sa défaite. C'était le poisseux de la bande à ce sport, le malchanceux.

Toutes les rencontres faisaient objet de paris. Et Pascal avait suffisamment de thune pour jouer jusqu'au petit matin.

Les règles du jeu étaient simples. Le perdant de chaque manche relançait le pari et le gagnant n'avait pas le droit pour, quelques raisons, que ce fût de refuser, au risque de se voir rembourser toutes les mises de l'adversaire. Seul le perdant pouvait mettre un terme prématuré à la rencontre par défaut de caisse ou par lassitude de la défaite. Le gagnant qui enfreignait cette règle était sanctionné, contraint de rembourser la totalité des mises raflées au perdant et de payer les dix pour cent des mises à l'arbitre de la rencontre.

Le riche homme d'affaires avait les moyens de jouer à n'en point finir surtout lorsqu'il perdait les matchs. La colère de la débâcle lui ôtait tout jugement, tout raisonnement rationnel, visible dans ses agissements.

Les spectateurs priaient très souvent pour la victoire de Pascal pour deux raisons.

La première, évidemment, était d'épargner au public ses accès de rage qui prolongeaient indéfiniment ces moments de détente transformés en supplices pour l'infortuné gagnant.

La seconde était l'implication, la conséquence positive de la victoire sur toutes les ouailles du club et spectateurs. Tout son gain était gracieusement remis à un nécessiteux ou servait à offrir des sucreries et de nombreux petits plaisirs pour les papilles gustatives à toute l'assistance, et même au vaincu.

Ce jour-là, sa victime nouvelle était une grosse pointure, une grosse proie dont la chute était digne d'être chantée par les griots. Cet exploit était retentissant.

Abou, plusieurs fois champion national, était imbattable dans son domaine de compétence, en l'occurrence, le jeu de pétanque. Il n'osait même pas se comparer à cet amateur de Pascal. Pour lui, ils n'étaient pas du même niveau de jeu. Pascal ne tiendrait pas une seule manche face à lui.

Personne n'avait envie ce samedi après-midi d'affronter le maître Abou, de surcroît c'était le vingt-quatre qui illuminait le mois sur le calendrier grégorien. Les billets de banque se faisaient rares dans les poches. Seul Pascal pouvait répondre à toutes les provocations pécuniaires en tout temps et avait l'envie d'affronter cet imbattable. Qu'avait-il à perdre s'il jouait contre ce champion ? Rien, il n'avait qu'à y gagner. Il n'était pas dupe des railleries et des applaudissements d'encouragement des hypocrites et des jaloux. Il avait connaissance de tout ce qui se murmurait autour de lui sur son compte : « Encore ce vaurien pour se faire voir ; il frime trop, ce mec ; il pense que son argent peut tout obtenir ; il est nul et ne sait même pas jouer ; nul au pointage et au tir ; ce poisseux, je ne ferai jamais de paire avec lui ; trop malchanceux etc. ». C'est pour cela qu'il aimait bien emmerder et faire chier ses poltrons de détracteurs.

La rencontre devait durer dix manches, mais Abou avait juré de la plier en six manches à zéro :

— Tu es mon puiné, Pascal, je te termine en six manches

— Oh, on connaît ça. Je t'arrache ton titre de champion aujourd'hui sur ce petit espace, répondit Pascal d'un air comique puisqu'il ne croyait pas un piètre mot de ce qu'il venait lui-même de dire.

— N'y rêve même pas. J'ai battu tous tes mentors ici déjà. Donc je ne ferai de toi qu'une seule bouchée.

— Arrête de *tchatcher* Abou et jouons.

Personne n'avait parié sur la victoire de Pascal, y compris lui-même. Il était conscient de n'avoir aucune chance face à ce redoutable athlète professionnel de la boule d'acier. Il voulait juste prendre du plaisir, énerver certains et dépenser sa thune au grand dam des aigris.

La première manche fut pliée à la vitesse de l'éclair par le professionnel.

La seconde débuta avec un beau pointage de Pascal, sa boule vint s'immobiliser et embrasser le cochonnet. Des applaudissements fusèrent des quelques spectateurs habitués des lieux. Abou devait tirer pour annuler cette belle performance de son adversaire du jour. Une clameur d'étonnement et de désolation envahit le terrain de jeu. Abou venait de rater son tir, lui qui ne ratait presque jamais ses gestes. C'était un mauvais présage, un raté prémonitoire.

À l'étonnement général, Pascal remporta la seconde manche :

— Abou, je t'ai dit que je vais t'arracher ton titre aujourd'hui.

— Pfff... Chance de débutant. Il y a encore du temps de jeu.

— Mais tu avais promis me battre six manches à zéro. Tu dois revoir ta copie hein !

— Ce qui est sûr, je te battrai, Pascal.

— Moi, je viens déjà de te battre cher ami, déclara Pascal avec un sourire moqueur.

La troisième manche, aussi inimaginable que cela puisse paraître, fut encore enlevée par l'amateur. La confiance en soi venait de changer de camp. Il était désormais celui qui conduisait les débats. Abou était désemparé. Il perdit son flegme habituel et vit la partie lui échapper face à ce joueur de seconde zone.

Au bout d'une heure de jeu à rebondissement, Pascal sortit vainqueur de la plus grande partie sportive de son existence.

Abou avait eu tort de se frotter à ce monsieur ce samedi 24 novembre 2018. Il venait de perdre sa solide renommée en un clin d'œil face à cet insignifiant joueur, face à ce mouton noir devenu sa bête noire.

La revanche eut lieu le lendemain dans la soirée et elle tourna encore une fois en faveur de Pascal.

Décidément, il était devenu la terreur de ce professionnel, mais demeurait toujours la risée des autres tels que Bomisso qui ne ratait jamais une occasion de se faire un peu de sous dans les poches de Pascal.

Bomisso était un officier de police de quarante-deux ans. Ami de tous au jeu, mais intransigeant dans son travail, il ne laissait passer aucune infraction, aucun manquement à la loi. Il était la bête noire des conducteurs de taxi qui, dans neuf cas sur dix, n'étaient jamais en règle.

Il avait l'équerre et le compas dans l'œil et dans le bras droit. Il était la véritable terreur de tous les joueurs de ce terrain y compris Pascal. Chaque soir, après le travail, l'officier troquait son uniforme pour sa tenue de sport. À bord de son véhicule à deux roues, il se rendait à son lieu de décompression. Il avait toujours l'occasion de mettre en exergue ses qualités de fin limier et celui qui en payait plus les frais était Pascal qui n'eut jamais le plaisir de le battre.

Le rigoureux sergent-chef de police avait, dans un passé lointain, flirté avec des individus peu recommandables du fait de sa profession. La rencontre qui l'avait marquée fut celle avec les « gnambros », terme signifiant littéralement en malinké « ma main », mais en réalité, c'était « mon quota ou ma quote-part » après le service rendu ou le travail accompli. Des jeunes hommes, pour la plupart déscolarisés, dopés de substances de toutes sortes qui arpentaient les gares routières pour récolter quelques pièces d'argent que laissaient échapper les paumes imperméables des chauffeurs de minicars « gbaka » et de taxis intercommunaux « wôrô-wôrô ». Ils assuraient le rabattage des clients vers les véhicules de transport qui desservaient différentes destinations. Après chaque chargement, le chauffeur faisait preuve de reconnaissance et leur donnait une modique pièce de 100 FCFA. Chacun sortait gagnant de ce petit contrat de dupes qui devint au fur et à mesure un contrat tacite. À chaque chargement, le « gnambro » était rémunéré entre 100 et 500 FCFA. Le filon était trop bon et généreux pour une jeunesse en perte d'espoir.

C'était la ruée vers l'or pour ces jeunes désœuvrés en quête d'emploi. Ils devinrent de plus en plus nombreux dans les différentes gares routières. Il devint donc impératif que chacun s'octroyât une place quelle que soit la manière dans cette nouvelle jungle. La méthode adéquate et la plus sûre était la vigueur musculaire. La violence sous tous ses aspects, physique et verbale était le quotidien devenu une routine accommodante.

Lorsque les muscles montraient leurs limites, les armes blanches imposaient le respect aux moins téméraires, avec souvent des représailles à faire décamper les voyageurs et les riverains. Les « gnambros » devinrent une force quasi-incontrôlable, maîtres des lieux. Les syndicats de transporteurs légalement constitués n'avaient aucune autorité, ni pouvoir de coercition pour mettre fin aux pratiques de cette pègre organisée. Les syndicats ne se contentaient désormais que de collecter les taxes auprès de leurs syndiqués qui ne cessaient de se plaindre des pratiques malveillantes et trop cavalières de ces jeunes hors-la-loi. Mais rien ne semblait atteindre une oreille attentive, attentionnée et décisionnelle. Aucune lueur d'espérance ne se profilait à l'horizon pour leur donner une tranquillité dans l'exercice de leur digne profession. La grogne faisait son petit chemin et s'accentuait au fil des années. La cohabitation conducteur-syndicat-gnambro était potentiellement orageuse et toujours prête à imploser. Néanmoins, chacun se retrouvait dans cette relation saprophytique. Chacun avait besoin de l'autre pour gagner de l'argent. C'est dans cette cohue qu'exerçait Bomisso. Sa présence équivalait à son absence comme un placebo pour une gangrène, un non-événement. Un semblant d'autorité existait encore avec la présence de quelques rares agents de police en ces lieux.

Les officiers de service pouvaient subir la loi de ces jeunes surexcités sans aucune crainte parce que les autorités régulatrices du domaine du transport semblaient avoir déposé le tablier en matière de politique d'assainissement de ce secteur d'activité. Les forces de l'ordre en faction étaient livrées à elles-mêmes dans ce juteux et joyeux foutoir au détriment du respect dû à leur rang et leur statut. Ils étaient confondus à tous ces jeunes qui pour certains, dégoulinant de sueur, avaient l'âge de leurs enfants.

Les hommes en tenue étaient dans une foire aux infractions avec cette horde de loups affamés en quête de sa pitance quotidienne. Des mineurs à l'hygiène corporelle désastreuse au volant de ces minicars disposaient de la vie des usagers entre leurs mains dans une insouciance indescriptible parfois. Souvent, il leur arrivait de décharger une bonne dose de crachat sur la vitre du rétroviseur pour se frayer un passage visuel sur ce qui restait comme miroir à la vue de tous, sans une once de gêne.

Le désordre était profitable à tous les acteurs de ce pugilat de violence et d'irrespect.

Le sergent-chef restait de marbre face aux agissements honteux et déshonorants de ses collègues. Il se faisait respecter dans son travail, cet homme fier comme un coq. Il incarnait encore cet officier intègre, fierté d'une nation juste.

En ce vendredi saint du temps de carême chrétien catholique, Bomisso fut pris à partie par une foule de jeunes « gnambros » particulièrement agressifs. Ceux-ci avaient décidé d'en découdre avec cet agent des forces de l'ordre qui se croyait supérieur aux autres, le plus saint d'entre les corrompus. Ils étaient résolus à lui arracher ses ergots et son égo. Ils commencèrent à les lyncher, lui et son coéquipier. Les assaillants prirent rapidement le dessus sur eux vu qu'ils étaient en minorité ; ces voyous déchaînés manquèrent de peu de les trucider lorsque, sous l'effet d'une grosse décharge d'adrénaline à lui injectée par l'instinct de survie, Bomisso sortit son arme de dotation, un pistolet automatique. Deux coups de feu retentirent presque simultanément au milieu de cette débauche de violence. Deux jeunes hommes s'effondrèrent sur-le-champ et les autres décampèrent pour mieux apprécier la situation, une fois en sécurité. Ce petit instant de répit permit à l'officier et à son collègue de trouver refuge dans un lieu sécurisé, le temps pour ces jeunes envoûtés par le mal de sortir de leur torpeur.

Deux individus gisaient dans une mare de sang. Leurs compagnons de guerre rentrèrent dans une sombre colère et paralysèrent tout le transport en commun, tous les véhicules transitant par leur zone était immobilisés. Ceux qui refusaient d'obtempérer subissaient leur courroux. Les pauvres usagers ne pouvaient que s'en remettre à la vigueur de leurs jambes pour s'extraire de cette chaudronnerie au grand supplice des vieilles articulations arthrosées.

Bomisso et son compagnon d'infortune furent, quelques heures plus tard, exfiltrés de leur cachette par une patrouille de police d'une dizaine d'agents venus à leur rescousse.

Sa rigueur et sa droiture n'avaient pas leur place dans cette anarchie où violence et impunité sont les pupilles des commanditaires de cette mafia. Pour sa sécurité et celle des siens, il fut muté dans une ville à l'intérieur du pays, loin de la capitale économique.

Table des matières

Réalisation de maquettes : Guékourougo N. Koné
09 BP 3232 ABIDJAN 09
TEL : (+225) 0757449900
Site : www.gnk-editions.com

ISBN papier : 978-2-38499-060-3
ISBN pdf : 978-2-38499-061-0
ISBN epub : 978-2-38499-062-7

Imprimé en Côte d'Ivoire par **GNK Impression**
gnk.impression@gmail.com/ (+225) 0757449900
Dépôt légal N° 21593 du 08 juillet 2024
3ème trimestre 2024

www.ingramcontent.com/pod-product-compliance
Lightning Source LLC
LaVergne TN
LVHW091059150826
845673LV00002B/643

* 9 7 8 2 3 8 4 9 9 0 6 0 3 *